Cycle 3

Armelle Géninet

Graphismes et mandalas d'apprentissage

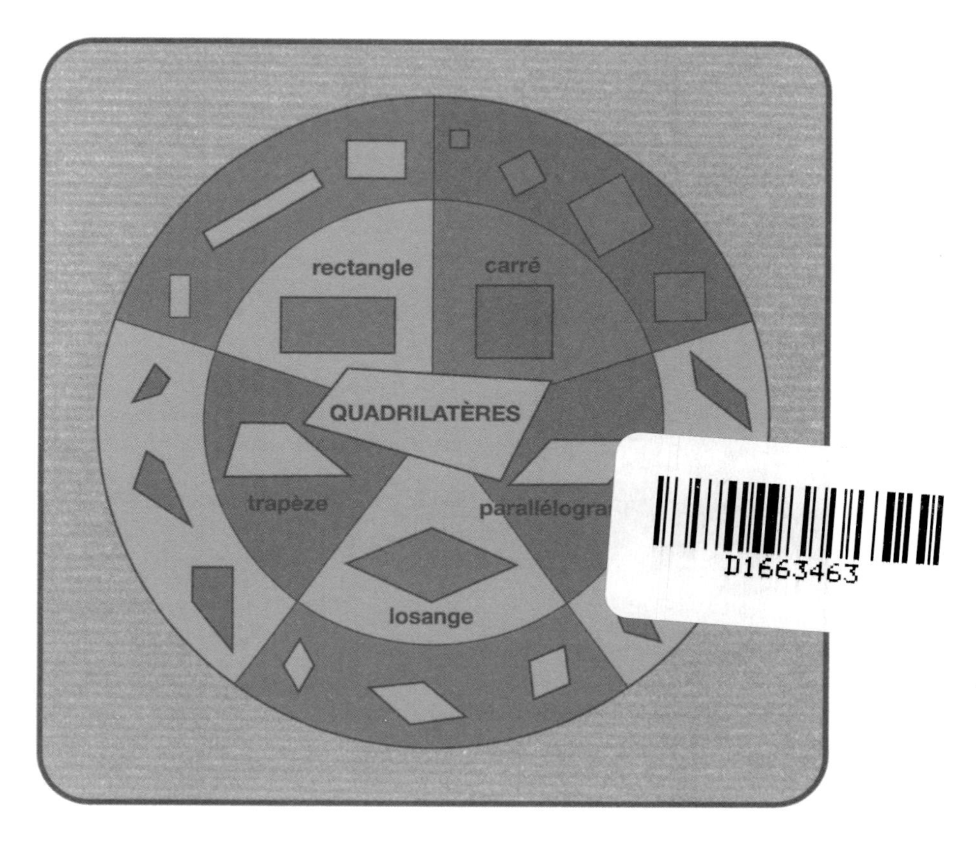

- Mémorisation
- Compréhension
- Analyse et synthèse

RETZ
www.editions-retz.com
9 bis, rue Abel Hovelacque
75013 Paris

Sommaire

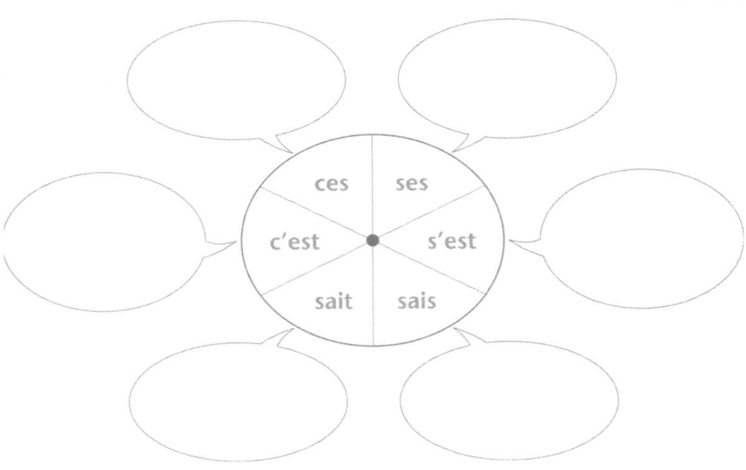

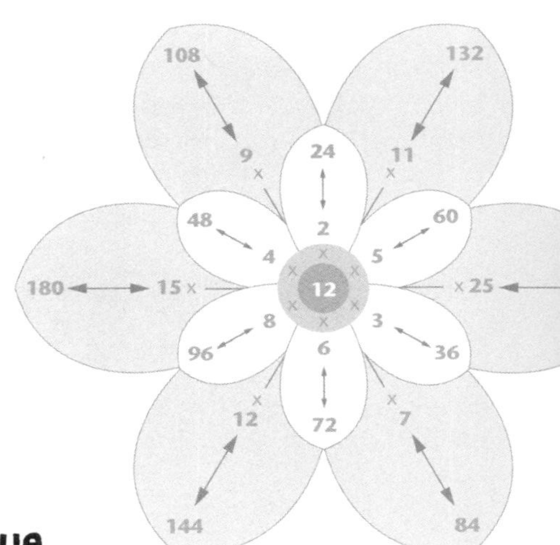

Guide pédagogique

Fiches à photocopier

Couverture : **Langage graphique** - Mise en page : **Domino**
Schémas : **Domino d'après dessins de l'auteur**
Illustrations : **Patrick Chénot**

Direction éditoriale : **Sylvie Cuchin** - Édition : **Charlotte Aussedat** - Corrections : **Bérengère Allaire**

N° de projet : 10170456 - Dépôt légal : septembre 2006
Achevé d'imprimer en France en juillet 2010 sur les presses de l'Imprimerie CHIRAT - N° 201006.0129

Introduction

Les mandalas, ou dessins centrés, peuvent être utilisés selon trois pistes d'exploitation :

- les **mandalas créatifs individuels :** pour le recentrage, la concentration et l'équilibration mentale ;
- les **mandalas créatifs collectifs :** pour une meilleure socialisation ;
- les **mandalas cognitifs ou d'apprentissage :** pour aider à la conceptualisation.

Dans ce livret sont développés les « schémas centrés cognitifs », qui sont du plus haut intérêt pédagogique et didactique. Très utilisés dans l'enseignement des mathématiques aussi bien que dans l'accompagnement des élèves en difficulté d'apprentissage de la langue écrite, ils suscitent chez nombre de jeunes beaucoup d'intérêt, et même de l'enthousiasme. Leur efficacité dans l'acquisition des concepts a été très largement prouvée, et les éducateurs, les orthophonistes... sont maintenant nombreux à les avoir intégrés avec succès dans leurs pratiques de rééducation.

Pourquoi les mandalas d'apprentissage ?

Les praticiens en « gestion mentale » font un constat essentiel : beaucoup d'élèves en difficulté d'apprentissage manifestent un très grand intérêt pour des présentations globales, spatiales, synthétiques telles que les schémas centrés. Ils expriment un besoin cognitif fondamental de globaliser les connaissances.

Le mandala d'apprentissage, utilisé en situation de classe ou en relation individuelle, permet d'amener les dimensions spatiales, colorées et synthétiques susceptibles de nourrir l'hémisphère droit (qui favorise notamment la synthèse, la spatialité), trop oublié dans les pratiques pédagogiques, et de solliciter des évocations visuelles concrètes globales dans les apprentissages fondamentaux de l'école.

Par ailleurs, le mandala d'apprentissage est un « instrument psychologique » tel que l'a défini Vygotsky, c'est-à-dire une « aide au développement de la pensée » dans plusieurs directions :

- **analyse** d'un sujet ou d'un concept,
- **synthèse** des connaissances,
- **mémorisation** d'un grand nombre d'informations.

On assiste donc au développement de la compréhension par la mobilisation des ***liens logiques*** permettant la mise en place d'une ***pensée mobile***.
Le schéma ci-dessous illustre ce principe.

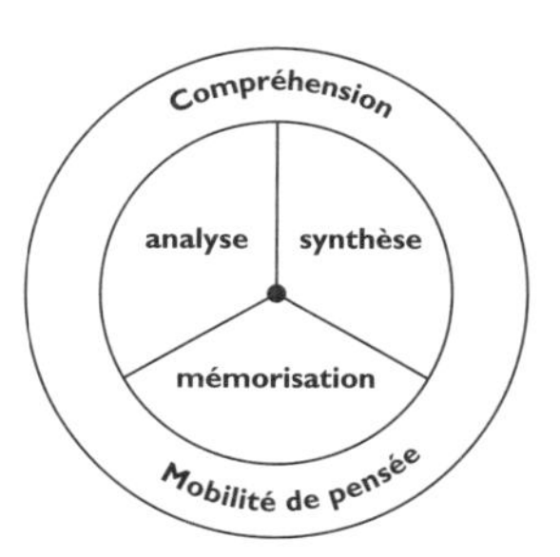

L'analyse (qui porte sur un texte, une situation, une image, un concept ou sur l'organisation des idées d'un travail oral ou écrit) et **la synthèse** (qui consiste à combiner, associer, réunir...) sont deux activités mentales différentes, indissociables et complémentaires de la compréhension. Les pratiques pédagogiques font, de fait, traditionnellement plus de place à l'analyse qu'à la synthèse ; cette dernière relèverait de la seule initiative de l'élève. Les « bons élèves » s'y adonnent spontanément (sans en être toujours conscients), et c'est bien une des raisons de leur réussite. Tous les autres peuvent y avoir accès pour peu qu'ils en soient avertis, qu'ils y soient accompagnés et entraînés.

La mémorisation est trop souvent négligée au profit de la compréhension. La première suscite la crainte de se faire au détriment de la seconde, la seconde serait le passage obligé de la première ! Il convient de travailler ces deux gestes mentaux dans leur spécificité et leur complémentarité. Comprendre peut aider à apprendre, mais apprendre permet de conserver sa compréhension et de rendre son évolution possible. La mémorisation échoue souvent par l'utilisation excessive de répétition mentale par des élèves qui ont la possibilité de se donner des images ou des impressions mentales visuelles, concrètes ou abstraites. Les mandalas apportent la dimension synthétique spatiale qui manque à ces stratégies trop exclusivement linéaires.

En positionnant les éléments en relation spatiale, les schémas centrés facilitent l'agissement des liens logiques pour créer une « bibliothèque mentale » souple et organisée, facilitant le jeu des connaissances dans une pensée mobile.

L'aspect créatif de ces mandalas cognitifs coloriés, illustrés, personnalisés par l'enfant amène une dimension ludique à tous les apprentissages de l'école. Plus l'enfant vivra l'épanouissement de sa créativité au service de ses apprentissages, plus il entretiendra sa motivation pour apprendre.

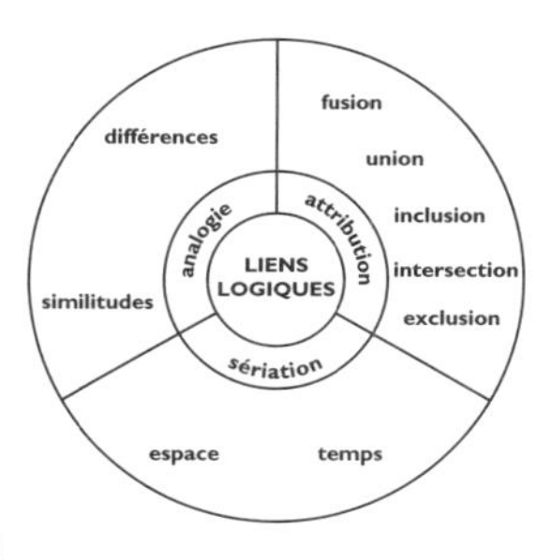

Conclusion

Ces fiches ne sont que des exemples d'utilisations des schémas centrés d'apprentissage en français, en mathématiques et dans les autres disciplines.

Nous proposons aux enseignants, orthophonistes, éducateurs et toutes les personnes susceptibles d'accompagner des enfants dans leurs apprentissages d'en tester l'efficacité, elle est immense ! Nous encourageons chacun à inventer ses propres schémas, à solliciter sa créativité et celle des enfants et à nous faire part de ses initiatives. Plus le schéma est proche de l'actualité pédagogique ou de rééducation, plus efficace en est l'utilisation. Le champ d'expérimentation reste ouvert...

Guide d'utilisation

Les mandalas d'apprentissage peuvent être utilisés selon plusieurs modalités.

Par l'enseignant comme outil didactique

Présentation d'une globalité d'accueil

Pour mettre du sens dans leurs apprentissages, beaucoup d'enfants, quel que soit leur fonctionnement mental, ont besoin que leur soit donnée une globalité à visiter ou à construire. Les uns le vivent comme un déclencheur de leur activité mentale, les autres comme une finalité à atteindre, car ils ont besoin de savoir où ils vont. Les fiches 11, 34, 51 ou 52, qui aident à la catégorisation (de la nature des mots, des quadrilatères, des genres musicaux, etc.), en sont des exemples.

Support de cours

C'est le cas, par exemple, des fiches 7, 8, 12 ou 29. L'enseignant dessine au tableau une réplique simplifiée de la partie centrale de la fiche et la complète au fil de ses explications et du déroulement de la séance. Il distribue ensuite la fiche aux élèves pour que ceux-ci la complètent à partir du tableau. Il convient alors que chacun personnalise le mandala par des dessins et des couleurs pour en faciliter l'appropriation.

Par l'enseignant avec ses élèves

Ce type d'utilisation est particulièrement adapté pour travailler des homophones (fiches 1 à 5), rechercher du vocabulaire (fiche 18), ou s'entraîner au calcul réfléchi (fiche 31). La fiche est alors à compléter au fil de la séance, en interaction avec les élèves.

Par les élèves en travail individuel

C'est le cas, par exemple, en mathématiques, des fiches 22, 41*a* et 41*b*... : les élèves peuvent travailler seuls sur ces supports. Ces fiches sont à reprendre en collectif pour une synthèse et la mise en place de structures de calcul mental. En français, la grille d'observation de la dictée ou la fiche de lecture (fiches 19 et 20) sont aussi des outils de travail en autonomie, même si elles peuvent être utilisées de façon collective. Dès le CM2, l'enseignant peut faire entrevoir l'intérêt de ce type de fiches pour chercher et organiser des idées dans une rédaction, écrire un poème, apprendre une leçon, comprendre une règle, etc.

Pour optimiser l'utilisation des différents mandalas de ce livret, nous proposons aux enseignants de réfléchir au positionnement de chaque schéma centré sur un itinéraire entre le sujet qui apprend et l'objet d'apprentissage. Le mandala peut être situé :
- sur l'objet (c'est le cas, par exemple, des fiches 11 et 29) ;
- très proche du sujet pour les fiches d'accompagnement ou de recueil de traces des évocations des enfants (par exemple, fiches 21, 22, 30 et 37) ;
- ou entre les deux, plus ou moins proche de l'un ou de l'autre (par exemple, fiches 2 à 5).

Une même fiche peut être envisagée à des niveaux différents sur cet itinéraire, suivant l'utilisation pédagogique qui en sera faite.

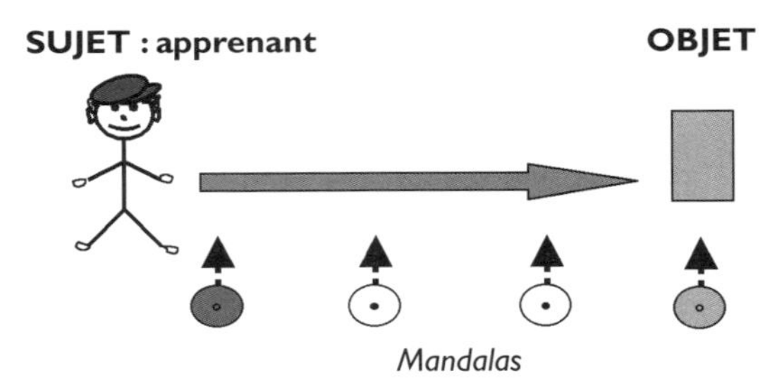

Toutes ces fiches peuvent être modifiées, adaptées au niveau de la classe, à ses besoins en tenant compte de son actualité pédagogique. Ce sont des outils d'accompagnement à l'apprentissage qui permettent une participation active de chaque enfant. Plus elles sont personnalisées par les élèves, plus elles sont efficaces. La présentation centrée, à l'italienne, laisse suffisamment de place autour du mandala pour accueillir la richesse évocative et la créativité des enfants.

Pour une utilisation collective, les mandalas peuvent être photocopiés et agrandis, collés sur du papier bristol, avant d'être affichés dans la classe.

Français

Les homophones :
VERT, VERS... ; CES, C'EST... ; SANG, CENT... ; AIR, ÈRE... ; MES, MAIS...

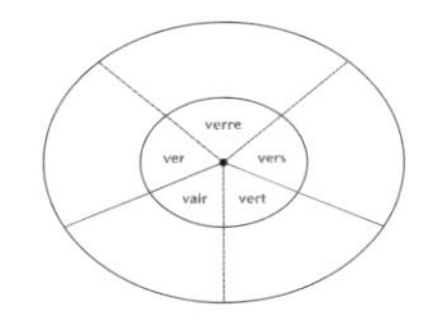

Fiche 1

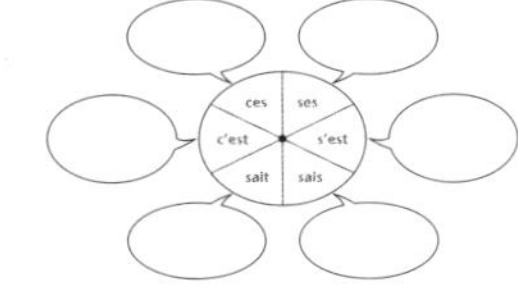

Fiche 2

Le travail sur les homophones est un temps où les enfants peuvent mettre ensemble des mots qu'ils ont découverts dans des contextes différents. La seule raison de les rassembler se trouve dans **l'entendu**. Les enfants sont généralement habitués à rencontrer des liens de similitude tels que : les noms ensemble, les verbes ensemble, les déterminants ensemble... Ils ont ici l'occasion d'agir mentalement sur des liens de différence par un changement radical de point de vue. Il faut noter qu'en fonction de leurs habitudes évocatives, certains enfants ont besoin de gérer des liens de différence pour accéder à des liens de similitude.

Remarques : pour la fiche 4, le mot « ers » (un type de lentille) peut compléter le mandala ; pour la fiche 5, il est possible de rajouter les mots « maie » et « maye » ou encore « m'aies (m'ait) », selon le niveau des élèves.

Exemple de protocole de travail sur les homophones

• Proposer d'évoquer un mot entendu : « Je vais vous dire un mot et vous allez observer ce qui se passe dans votre tête. Si je vous dis par exemple : vert ! » Très souvent, les enfants demandent : « Lequel ? » Répondre qu'ils ont le choix. Laisser un temps silencieux d'évocation.

• Conduire un dialogue pédagogique sur la **forme** évocative pour habituer les enfants à s'auto-observer dans leur activité mentale et à s'enrichir des découvertes des autres : « Comment y avez-vous pensé : en le voyant ? en le disant ? en l'entendant ? en impression, en mouvement ? etc. » Ce dialogue doit accueillir sans la moindre critique toutes les formes évocatives, en particulier concrètes, vécues par les enfants.

• Échanger sur le sens porté par ces évocations et collecter les différents sens possibles de cet « entendu ».

• S'interroger sur les orthographes associées aux différents sens.

• Distribuer le mandala portant toutes (ou presque) les formes possibles orthographiques. (Ainsi, savoir qu'il n'y a que cinq possibilités sur les homophones de la fiche 4 est rassurant pour nombre d'enfants.)

• Inviter chaque enfant à faire un lien entre une orthographe et l'évocation concrète (ou non) qu'il en a eue, pour compléter le mandala par des dessins, des symboles ou des exemples. Un petit dessin, même insatisfaisant pour l'enfant, doit être encouragé car c'est une occasion de faire un lien entre le sens concret signifié et le signifiant orthographique souvent arbitraire. Il faut encourager les enfants à laisser aller leur imagination, d'autant qu'ils ne complètent la fiche que pour eux, à des fins de mémorisation (et pour personne d'autre) ! L'essentiel est qu'ils **se comprennent**.

• Dès que les mandalas sont complétés, l'enseignant peut demander à tous les enfants de retourner les fiches. Il invente et dit des phrases contenant l'homophone, impose un temps de recherche silencieuse pour permettre à chacun de choisir l'orthographe et interroge toute la classe, puis tel ou tel enfant... sous forme de jeu.

• Mettre en projet de mémorisation la fiche de manière à ce que chacun puisse redonner ces mots demain ou un autre jour, dans une dictée, dans un texte rédigé... et puisse inventer une phrase courte et simple à proposer à toute la classe en dictée.

• Proposer une interrogation notée en invitant les élèves à choisir au hasard dans les phrases inventées. L'enseignant se donne le droit de laisser de côté pour un temps les phrases qui lui semblent trop complexes, mais peut les soumettre ultérieurement hors évaluation, oralement ou en travail de groupe. En effet, faire participer chaque enfant au choix d'une évaluation du travail écrit nourrit sa motivation à l'écriture.

Les « visées » du À

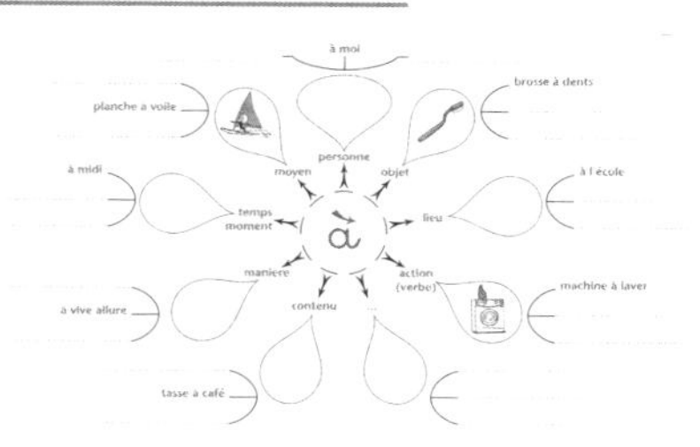

Fiche 6

Signaler que l'accent sur le « à » trouve son origine dans des temps très anciens où les moines copistes utilisaient des abréviations pour se simplifier le travail : pour remplacer « vers », ils utilisaient le symbole @ ! L'accent est une trace de ce signe. D'où le choix du mot « visée » pour le titre de la fiche.
Cette fiche sera l'occasion d'un accompagnement évocatif : demander aux enfants, sur chaque expression, de « faire vivre une scène en vrai dans leur tête » pour repérer s'il y a une visée, ou non, de temps, d'espace, d'action, etc. La fiche est complétée par des mots et des dessins référents (dans les bulles).
Annoncer aux enfants que le « à » est une préposition. Ce travail peut être en effet une aide à la différenciation des homophones « à » et « a ».

L'accent circonflexe
Accord des adjectifs de couleur

7 et 8

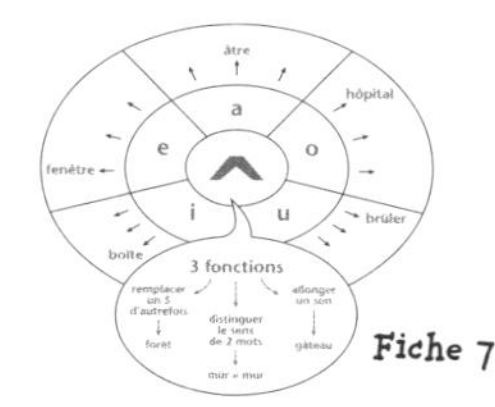

Fiche 7

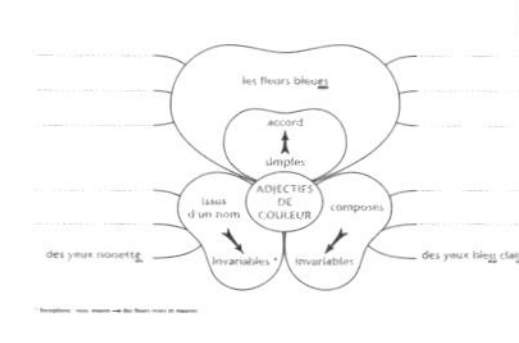

Fiche 8

Ces deux fiches sont des supports de travail en orthographe lexicale et grammaticale. Commencer par présenter le schéma central, en s'appuyant sur les exemples donnés, puis faire rechercher par les élèves des exemples illustratifs. Dans la fiche 7, il est possible de donner des mots de la même famille pour illustrer le « s » d'autrefois, tels que : forestier pour forêt, hospitalier pour hôpital, etc. Voici par ailleurs d'autres exemples d'homophones : sur/sûr, tache/ tâche, etc. Dans la fiche 8, faire remarquer la présence ou non de traits d'union, par exemple : « des yeux bleu clair », mais « des yeux bleu-vert » (association de deux adjectifs de couleur).

Les terminaisons des participes passés
Les pronoms
La nature des mots
Les fonctions des mots
Les déterminants
La phrase

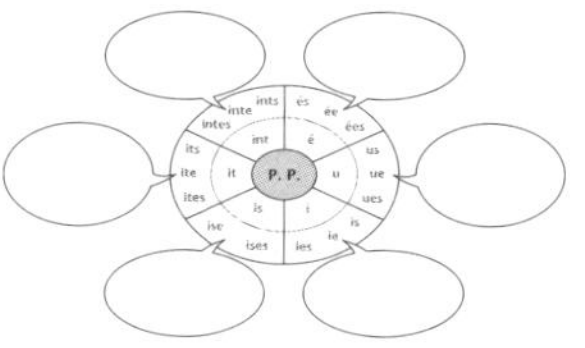

Fiche 9

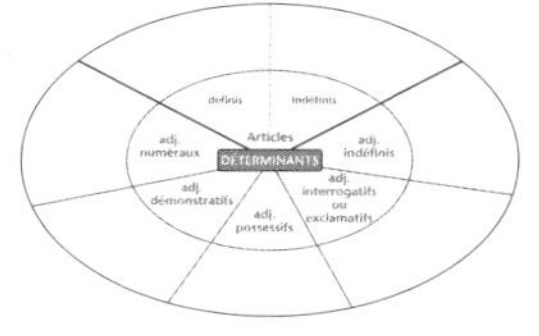

Fiche 13

Toutes ces fiches sont à distribuer aux enfants en début de séance de travail sur le concept correspondant. Ces globalités d'accueil sont une nécessité pour tous les enfants : elles leur permettent de démarrer leur activité mentale en sachant où ils vont, tout en acceptant qu'il conviendra de prendre du temps pour visiter la totalité des éléments que contiennent ces globalités. Elles sont à la fois ouverture à l'espace qui manque à certains et ouverture au temps qui manque à d'autres.
Les fiches sont à reprendre de temps en temps en cours de travail, puis en fin d'activité pour faire le point des acquisitions. Elles sont à compléter et illustrer par les élèves.
Remarques : pour la fiche 9, il est possible de faire rechercher des phrases ou seulement des participes passés ; pour la fiche 12, on peut spécifier que les verbes nomment des actions, des états, et que les pronoms (et les déterminants) informent sur le genre et le nombre.

Règle d'accord du participe passé

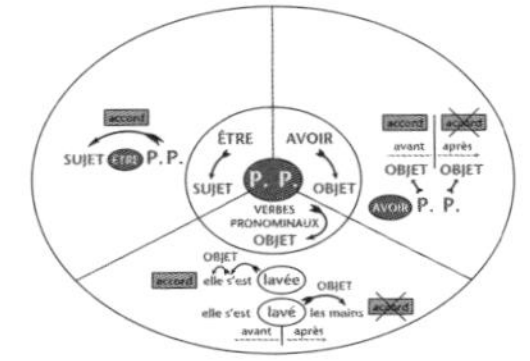

Fiche 15

Ce mandala, qui est aussi une globalité d'accueil, peut être présenté à des niveaux de classe différents. Il peut être allégé par la suppression, du texte sur les verbes pronominaux, par exemple, mais il est important qu'au départ les enfants sachent que trois cas seront à envisager, même si cela ne se fait pas dans l'année. Ces trois possibles doivent figurer sur le schéma centré dans trois zones (même vides). Un apprentissage est toujours à inscrire dans un futur d'ouverture, de correction si nécessaire, pour que les enfants se mettent en projet d'évolution de la connaissance.

Penser la phrase simple

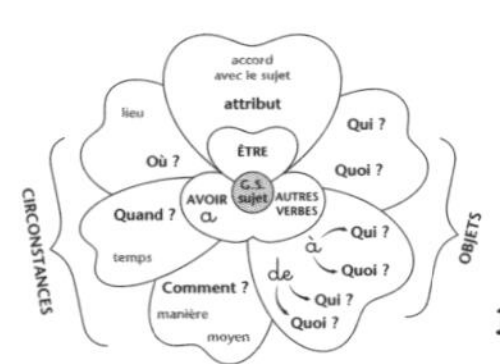

Fiche 16

Cette fiche peut être le support d'un travail collectif ou individuel.
Faire dire une phrase simple comme : « La poupée est jolie », « Un vent violent souffle dans la forêt » ou encore « Hier soir, Yann a oublié son cartable à l'école », puis proposer aux enfants d'indiquer avec le doigt le positionnement de chaque groupe de mots sur le mandala. Si les élèves rencontrent un mot (ou un groupe de mots) qu'ils ne peuvent reconnaître, ils peuvent le placer à l'extérieur dans un lieu d'attente décidé par eux. À partir de ce même schéma, l'enseignant peut entraîner les élèves à l'invention de phrases de plus en plus riches.

Polysémie : le mot « pièce »
Mots de la même famille

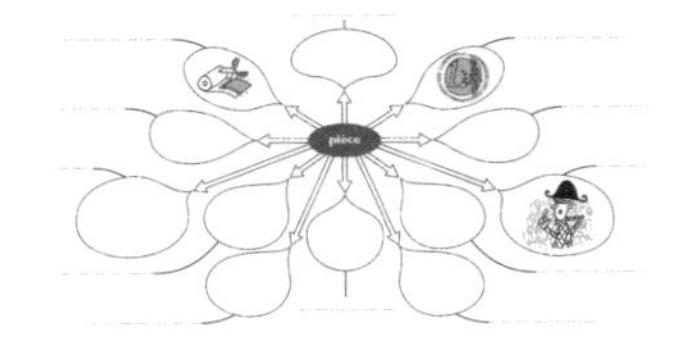

Fiche 17

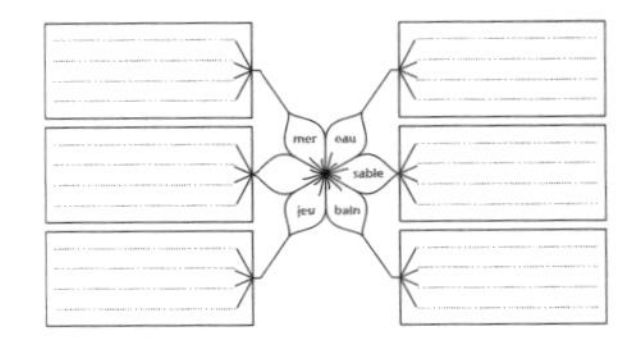

Fiche 18

Ces fiches sont des supports de recherche personnelle pour travailler la polysémie d'un mot (fiche 17) et enrichir le vocabulaire avec les mots de la même famille (fiche 18). Elles permettent également d'améliorer l'orthographe.
Pour la fiche 18, parler de l'étymologie de certains mots comme « eau » (*aqua* en latin), qui donne aquatique, aquarium... ; ou « mer » (*mare* en latin) avec maritime, marin...
Le pétale « vide » peut être complété par un autre mot en rapport avec la mer, ou autre chose encore. Il s'agit bien de remplir les cadres avec des familles de mots (par exemple, baignoire, baignade... pour bain).
Ces mandalas ne sont que des exemples qui peuvent être repris pour d'autres mots et champs lexicaux au gré de l'enseignant.

Grille d'observation de la dictée

Fiche 19

Cette fiche peut amener les enfants à prendre peu à peu du recul par rapport à ce qu'ils écrivent et ainsi mieux comprendre leurs erreurs. Il faudra les accompagner au début et les autoriser à ne pas noter toutes leurs erreurs si elles sont nombreuses, puis les mettre en projet de cibler leur attention sur tel ou tel aspect de l'orthographe à la prochaine dictée. Valoriser une progression, même minime, nourrira leur motivation à écrire.

Fiche de lecture

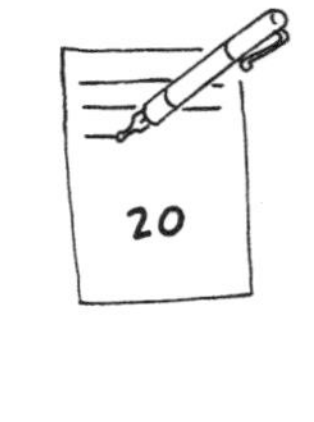

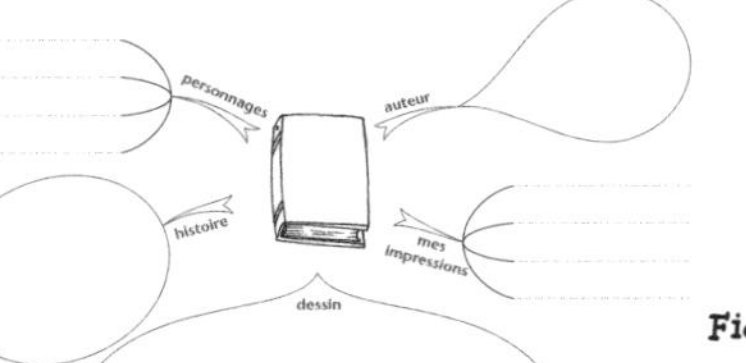

Fiche 20

Chaque fois que les enfants lisent un livre, surtout si cela leur est pénible, le fait de laisser sur cette fiche quelques traces en mots ou en dessins peut les aider à reprendre le fil d'une lecture interrompue et à en mémoriser des indices.
Ces mandalas trouveront place dans un fichier ou « carnet de lecture » à constituer au fil de l'année (des années).
Remarque : placer le titre de l'œuvre sur le dessin du livre.

Mathématiques

Jouer avec 100
Jouer avec 72
Quelques nombres remarquables dans les tables

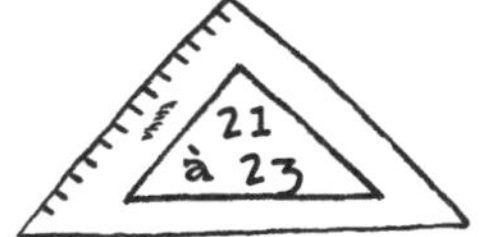

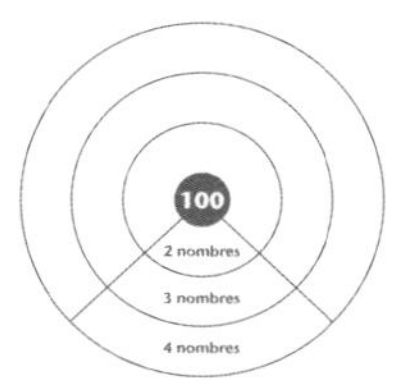

Fiche 21

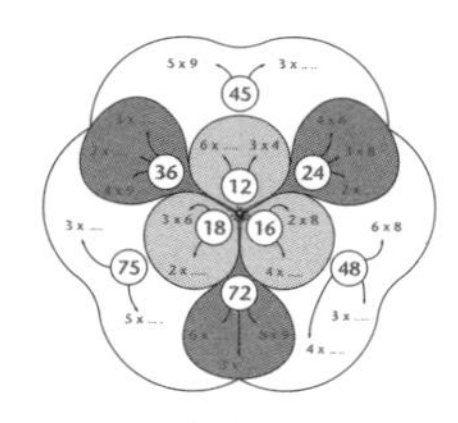
Fiche 23

Ces trois fiches permettent de finaliser l'apprentissage des tables de multiplication autrement que dans des opérations à effectuer. Elles sont conçues pour amener rapidement les enfants à s'amuser avec des nombres et à les comprendre comme des ensembles de relations entre d'autres nombres. Elles sont également utiles pour un entraînement au calcul mental (en retenant, par exemple, que 20 x 5 ou 25 x 4 font 100, etc.)
Ainsi, jouer dans sa tête avec des nombres permet de faire l'expérience du pouvoir de sa pensée, et donc de nourrir sa motivation à faire des mathématiques.
Les fiches 21 et 22 peuvent aller, sans que ceci soit énoncé prématurément à l'école, jusqu'à la décomposition d'un nombre en produit de facteurs premiers (exemple : 72 = 2 x 2 x 2 x 3 x 3).

Multiplier par 11

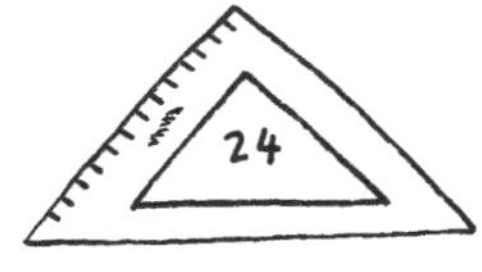

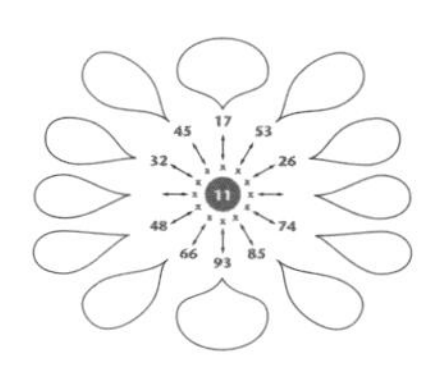
Fiche 24

C'est une fiche d'entraînement au calcul réfléchi.
Commencer par observer une opération posée en colonnes :

45
x 11
45
45
495

ou effectuée en ligne : **45 x 10 + 45 = 450 + 45**

Les élèves sont progressivement amenés à comprendre la structure opératoire proposée en bas de la fiche (et la retenir). Ils complètent la fiche collectivement ou en autonomie, en une ou plusieurs séances.
Une séance de travail sur cette fiche peut ouvrir à une stratégie de calcul plus large, la multiplication de tout nombre par 11 :

n x 11 = n x 10 + n

Multiplier par 5

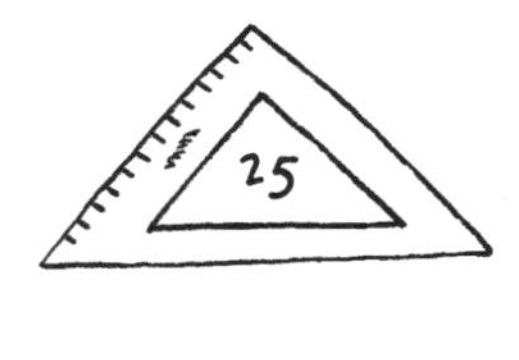

Fiche 25

Comme la précédente, cette fiche est à compléter en calcul réfléchi. Elle vise également l'acquisition de la structure opératoire notée en bas de la fiche. La structure est à mémoriser à la fin du travail et à réinvestir régulièrement dans des séances collectives de calcul mental. L'enseignant peut faire remarquer que dans la succession des deux opérations « x 10 » et « : 2 », si le nombre est pair, il est plus aisé de commencer par diviser le nombre par 2 pour ensuite lui « ajouter un 0 ».

Les tables de 12 et 15

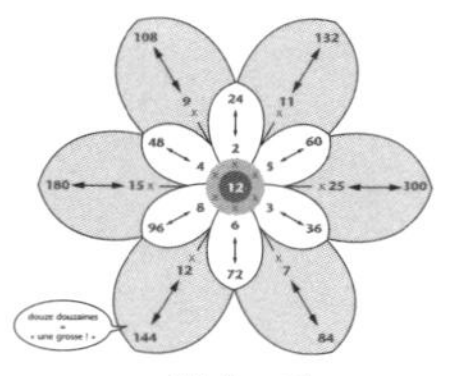
Fiche 26

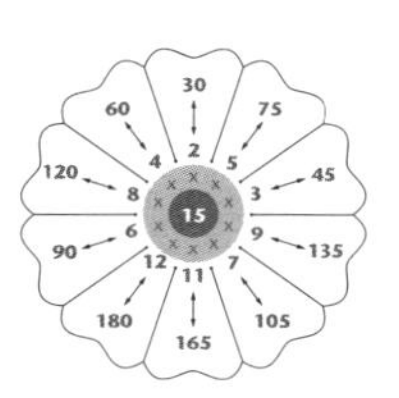
Fiche 27

Les tables de 12 et 15 ne sont généralement pas étudiées à l'école. Elles sont cependant fort intéressantes à l'entrée au collège dans les simplifications de fractions, les mises en facteurs communs et autres extractions de racines carrées…
Elles peuvent aussi attiser la curiosité de certains enfants qui préfèrent l'original à l'ordinaire et rechignent à l'apprentissage des tables.
Les produits ont été disposés dans le désordre pour éviter que les enfants n'étudient les tables par ajouts successifs : 12, 24, 36, 48, 60, etc., ce qui, trop souvent, les éloigne de la mise en relation des trois nombres (par exemple, 5, 12 et 60). La disposition en mandala permet une activité centrifuge (du centre vers la périphérie) aussi bien que centripète (de la périphérie vers le centre), car il est important que les enfants aient mémorisé les tables dans les deux sens : « 60 est le produit de 12 et 5 ». Là aussi ils apprennent à jouer avec les nombres et nourrissent leurs évocations de la matière première nécessaire à des activités de collège.
La table de 15 (fiche 27) peut faire l'objet de la recherche d'une structure opératoire transférable : « multiplier un nombre par 15 » revient à le multiplier successivement par 3 et par 5 (ou l'inverse) ; c'est également le multiplier par 10, conserver le résultat, diviser ce résultat par 2 puis ajouter les deux nombres obtenus. Par exemple :

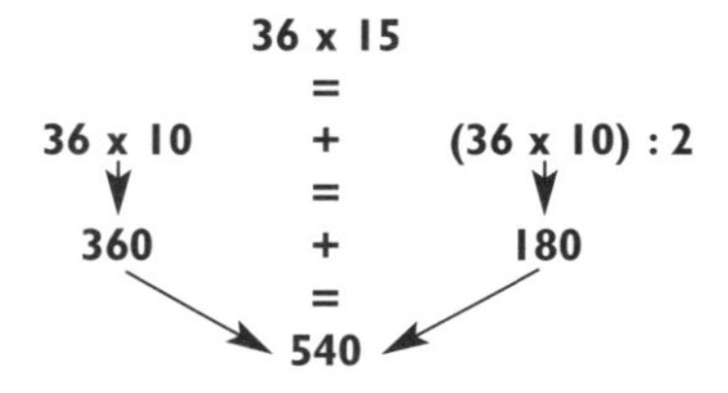

Multiplier et diviser

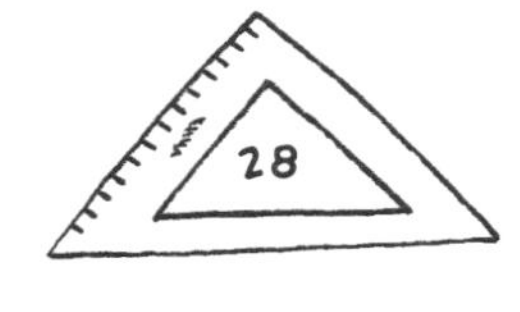

Fiche 28

Cette fiche est à compléter par les résultats des différents calculs (dans les pétales) et, dans les bulles, par le vocabulaire correspondant au résultat trouvé : demi, double, tiers, triple, quart, quadruple, etc. (Énoncer une phrase complète à l'oral : « 120 est le double de 60 », etc.)

Les 4 opérations

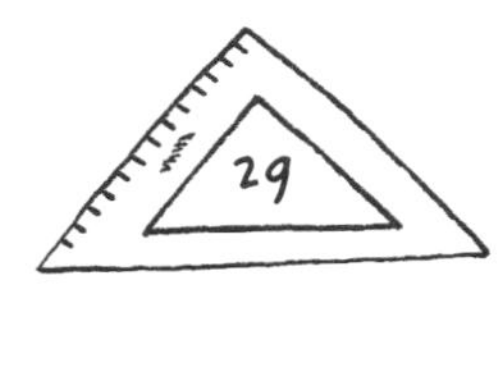

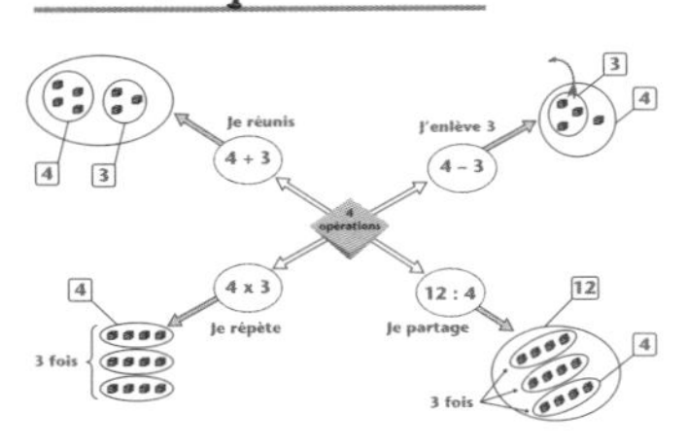

Fiche 29

Fiche de synthèse à construire avec la classe et à distribuer à la fin de la séance pour ancrer les connaissances. Il est important d'amener tous les élèves à découvrir puis comprendre les différents liens caractéristiques de chaque opération.

Remarque : « 12 : 4 » peut être envisagé selon plusieurs points de vue pour faire face à des situations-problèmes différentes. Le choix fait ici a été : 12 divisé ***par 4***, pour être en harmonie avec le vis-à-vis (4 x 3). Mais il convient de faire évoquer aux enfants que 12 peut aussi être divisé ***en 4*** : on obtient alors 4 paquets de 3 au lieu de 3 paquets de 4.

Jouer avec le nombre 36
Jouer avec 1,25
Jouer avec une fraction

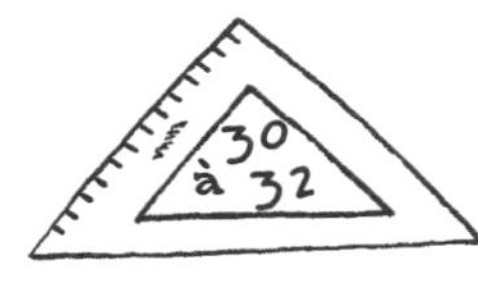

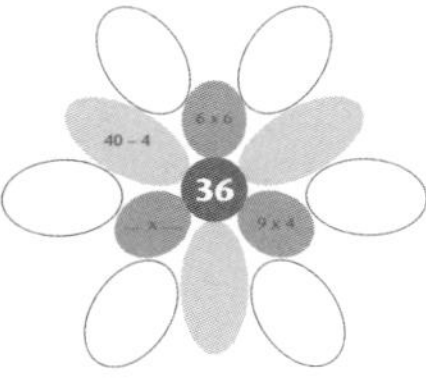

Fiche 30

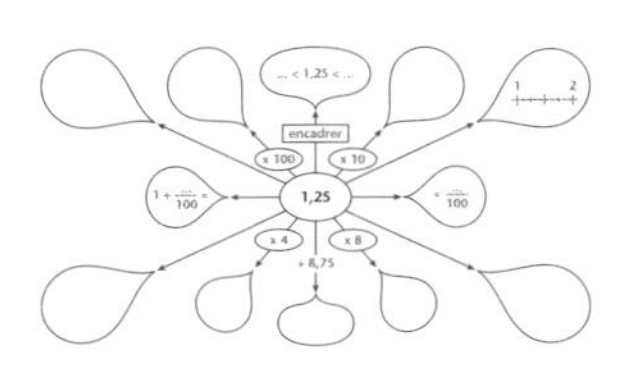

Fiche 31

Ces trois mandalas sont à compléter par les enfants, puis à mémoriser. Ils reprennent les objectifs des fiches 21 à 23 : créer une mobilité de pensée en jouant avec les nombres, et en les mettant en lien avec d'autres nombres. L'activité peut se faire individuellement d'abord, puis collectivement.

Les nombres décimaux

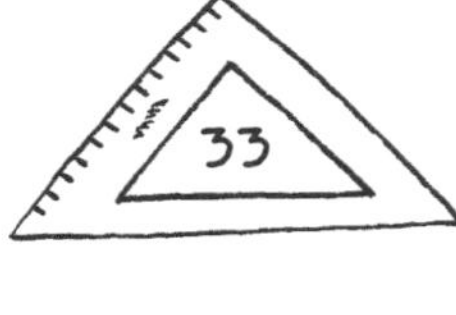

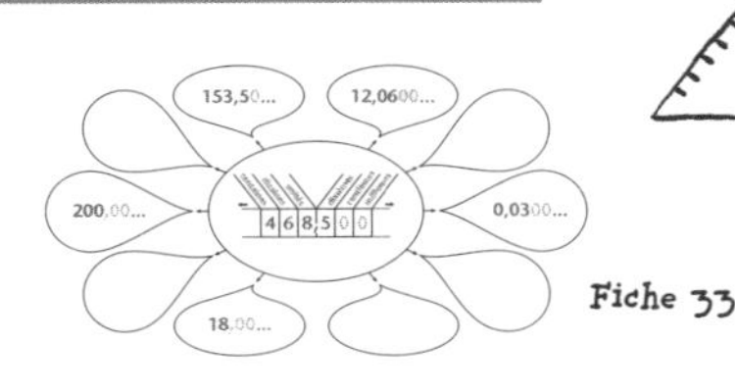

Fiche 33

Cette fiche est une aide à la compréhension du nombre décimal et de certaines de ses propriétés (valeur des chiffres en fonction de leurs positions dans une écriture à virgule...).

Exemple de protocole d'accès au sens du nombre décimal

Première partie

• Demander aux enfants de « penser à un nombre décimal ».

• Introduire un dialogue pédagogique sur la **forme** évocative pour habituer les enfants à s'auto-observer dans leur activité mentale et à s'enrichir des découvertes des autres : « Comment y avez-vous pensé : en le voyant ? en le disant ? en l'entendant ? en impression, en mouvement ? etc. »

• Échanger sur le **contenu** de l'évocation : « À quel nombre avez-vous pensé ? » L'enseignant fait une synthèse, accompagnée ou non d'une collecte au tableau, puis choisit un nombre parmi ceux qui ont été donnés.

• Questionner les élèves sur le sens de chaque chiffre dans l'écriture du nombre (donné par sa position). Par exemple, pour 12,06 : « Que raconte le 1 ? le 2 ? la virgule ? le 0 ? le 6 ? »

• Dessiner au tableau le centre de la fiche 33 pour positionner chaque chiffre.

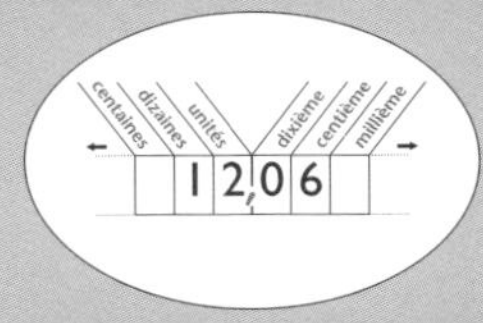

• Réfléchir sur les colonnes vides : « Pourrait-on ajouter des 0 ? Pourquoi ne le fait-on pas ? »

• Verbaliser un début de définition : *il existe une virgule et des zéros après le dernier chiffre à droite.* Cette deuxième partie de la définition est importante pour aborder ultérieurement l'existence de « nombres à virgule non-décimaux ».

Deuxième partie

• Demander aux enfants de « penser à un nombre entier ». Les collecter à l'écrit ou à l'oral, en choisir un et le poser au tableau (par exemple 18).

• Inviter les élèves à placer le nombre dans le tableau et les interroger : « Pouvez-vous l'imaginer avec une virgule ? Comment l'écririez-vous ? Pourrait-on rajouter des 0 ? Pourquoi ne le fait-on pas ? Etc. »

• Reprendre silencieusement ce qui a été dit sur le nombre décimal : « Laissez revenir dans votre tête ce que nous avons dit du nombre décimal... »

• Échanger et débattre : « Alors, 18 est-il un nombre décimal ? »

• Distribuer le mandala pour compléter les bulles.

Conclusion

• Dialoguer et débattre : « Si vous deviez mettre tous les nombres entiers dans une boîte et tous les nombres décimaux dans une autre boîte, comment seraient disposées ces boîtes ? »

• Laisser une pause évocative silencieuse.

• Échanger de nouveau et verbaliser la définition : *tout nombre entier est un nombre décimal.*

• Cette conclusion est à écrire et à mémoriser.

Remarque : la mémorisation de cette conclusion permet aux élèves, qui ont mentalement vécu le lien d'inclusion des entiers dans les décimaux, de conserver leur compréhension. Pour ceux qui ne l'ont pas encore acquise et qui sont restés sur des liens d'analogie (en particulier de différence) entre les entiers et les décimaux, la présence simultanée et conflictuelle dans leur conscience des deux points de vue peut permettre à plus ou moins long terme l'évolution de leur compréhension des nombres.

Quadrilatères particuliers
Les triangles

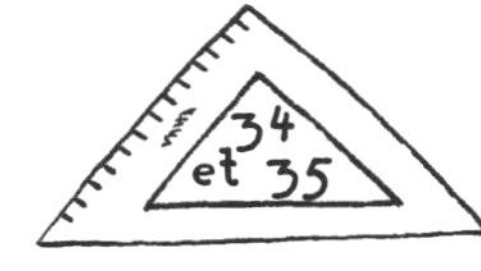

Fiche 34

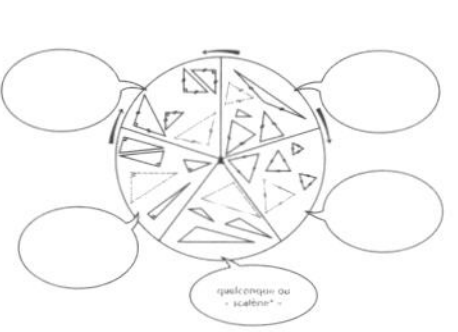

Fiche 35

Ces fiches peuvent faire l'objet d'un accompagnement évocatif, comme la fiche 37 sur le rectangle (voir l'exemple de protocole ci-après). Elles visent la mise en évidence des caractéristiques de chaque catégorie de quadrilatères et de triangles pour aborder un début de définition à positionner dans les bulles. Il s'agit notamment de vérifier si les côtés sont parallèles, perpendiculaires et de même longueur.
Remarque : le centre de la fiche 34 présente volontairement un quadrilatère quelconque.

Puzzle de triangles

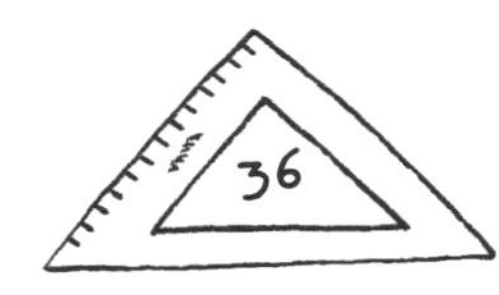

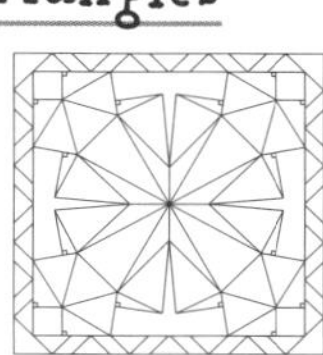

Fiche 36

Ce mandala vise la reconnaissance des triangles précédemment identifiés. Mais c'est avant tout une activité graphique de coloriage qui permet le recentrage, le retour au calme et l'équilibration. Les mandalas coloriés peuvent ensuite décorer la classe en une frise ou être installés dans un mobile à suspendre au plafond.

Le rectangle

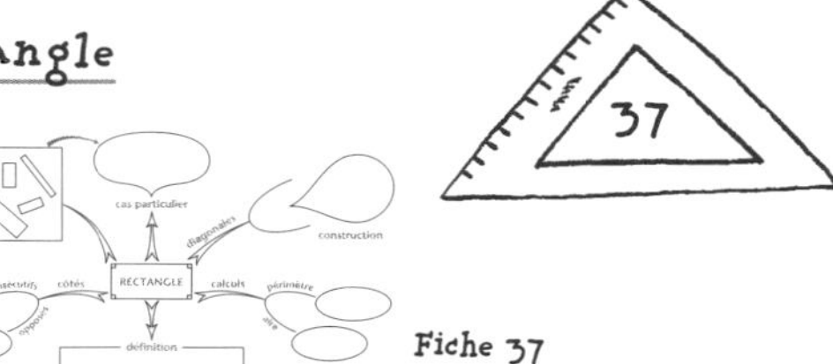

Fiche 37

Cette fiche a pour objectif l'enrichissement des évocations sur le rectangle, en particulier les liens logiques entre les droites, les points, les longueurs et les angles.
Elle ne sera distribuée qu'à la fin de la séance pour reprendre les évocations exprimées par les enfants et noter les éléments à mémoriser. Elle peut être complétée en plusieurs fois. (Pour le calcul du périmètre, il est possible de s'appuyer sur la fiche 38.)

Exemple de protocole d'accompagnement évocatif sur le rectangle

• Demander aux enfants de « penser à un rectangle ».

• Initier un dialogue pédagogique sur la **forme** évocative pour habituer les enfants à s'auto-observer dans leur activité mentale et à s'enrichir des découvertes des autres. Les inciter à s'exprimer sur l'aspect auditif, visuel, sensitif… de leurs évocations.

• Échanger sur le **contenu** de l'évocation (le concret) : « Comment est le rectangle auquel vous pensez ? » L'enseignant fait une synthèse mettant en évidence le stéréotype majoritairement évoqué d'un rectangle posé horizontalement sur le plus grand côté et dont la largeur est environ la moitié de la longueur. Il le dessine au tableau.

• Dialoguer pour faire exprimer les caractéristiques de cette figure géométrique.

• Proposer aux enfants d'imaginer à nouveau le rectangle dans leur tête : soit en le voyant, soit en le décrivant, soit en le dessinant, etc.

• Puis les inviter à le « faire tourner » (temps de silence). Les questionner pour savoir si tout le monde y arrive.

• Relancer le dialogue : « Imaginez maintenant que vous tenez le rectangle entre vos mains par les deux largeurs : pouvez-vous l'étirer en éloignant vos deux mains ? Pouvez-vous maintenant rapprocher ces deux côtés ? Que se passe-t-il ? Est-ce toujours un rectangle… ? » Il y a toujours un élève pour dire que c'est devenu un carré !

• Échanger avec toute la classe pour négocier qu'un carré est un cas particulier de rectangle.

• Revenir au rectangle de départ : « Imaginez que vous tracez ses diagonales… Vous les avez ? » S'assurer que le terme est connu de tous avant de continuer. « Comment sont-elles ? » Mettre en évidence les propriétés des diagonales : elles sont de même longueur.

• Poursuivre le questionnement : « Imaginez maintenant que vous effacez les côtés : est-ce toujours un rectangle ? » La réponse est oui, car le rectangle mathématique est plus qu'une forme géométrique, c'est un ensemble de relations entre des points, des droites, des longueurs, etc. Ce travail peut amener les enfants à découvrir qu'il est souvent plus aisé de construire un rectangle à partir des diagonales que des côtés.

• Une première définition du rectangle peut être donnée à l'issue de cette séance : *c'est une figure à quatre angles droits dont les côtés sont égaux deux à deux.*

Le périmètre

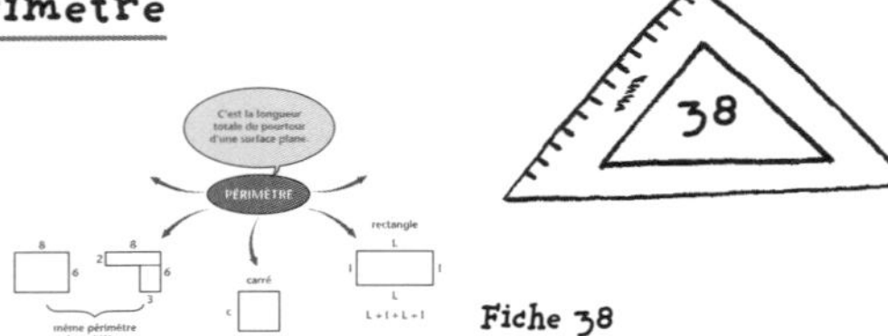

Fiche 38

Cette fiche est un support pour appréhender le calcul du périmètre des quadrilatères (et notamment du rectangle et du carré). Les espaces libres sont prévus pour le calcul d'autres quadrilatères.

Périmètres et aires

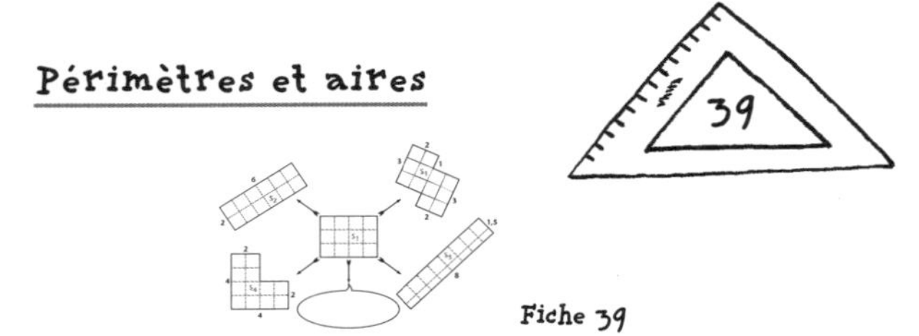

Fiche 39

Le calcul des aires de cette fiche peut se faire à partir de l'addition. Prolongé par la multiplication (pour les rectangles), il peut être un ancrage du sens de la multiplication. Par exemple, pour S2 : « 6 x 2 », c'est 6 répété 2 fois. Autrement dit, le 6 et le 2 ne racontent pas les mêmes objets : le 6 parle des ***carrés*** et le 2 des ***rangées***.
Cette fiche prolonge la précédente, puisqu'elle permet de conclure que des figures de même surface n'ont pas forcément un périmètre identique.

Unités de mesure d'aires

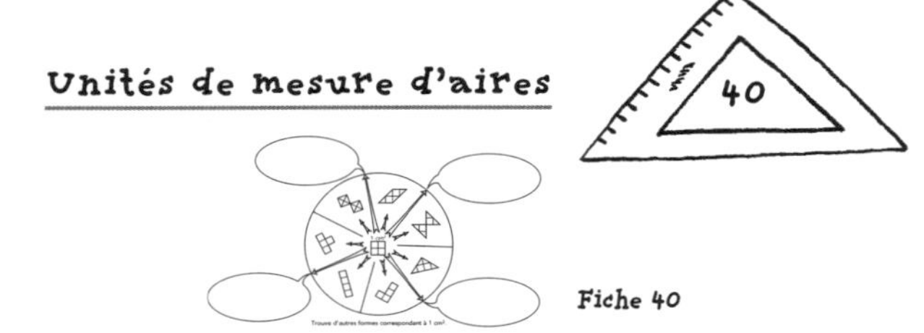

Fiche 40

Avant de photocopier la fiche, l'enseignant peut effacer certaines formes pour les faire découvrir par les enfants ; il peut également rajouter des bulles tout autour, car les formes peuvent varier à l'infini.
Le mandala est à distribuer pour être complété par des collages de formes découpées dans du papier quadrillé de 5 x 5 mm. L'activité vise la mise en évidence de la conservation de l'aire, quelle que soit la forme obtenue après découpage et collage de carrés de 1 cm de côté.

Calculs d'aires

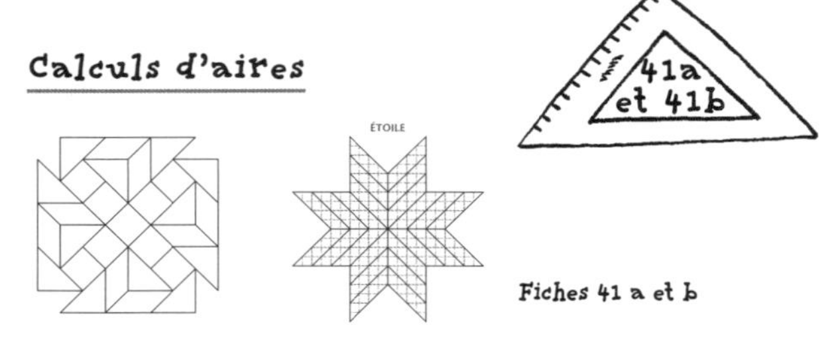

Fiches 41 a et b

Les figures des deux fiches sont à colorier à la suite de l'activité précédente (fiche 40). Ces fiches visent la reconnaissance des formes géométriques (carrés, triangles, parallélogrammes) et le calcul d'une aire. L'unité de mesure est toujours le cm^2 (la figure 41*a* a une aire de 29 cm^2 ; celles de la 41*b* font 48 cm^2). L'enseignant peut ensuite proposer aux enfants d'inventer d'autres formes de même aire. Les mandalas colorés peuvent être affichés dans la classe pour former une frise décorative.

Hexagone et arc-en-ciel

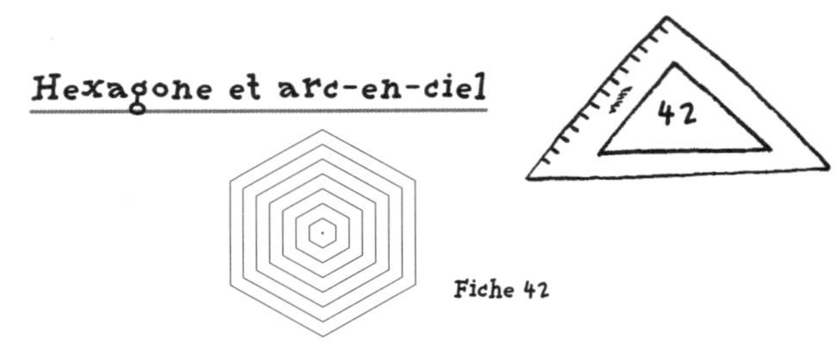

Fiche 42

Cette fiche vise à entraîner les élèves à traduire fidèlement un texte en figure géométrique. Les mandalas construits et coloriés peuvent être affichés dans la classe en frise ou collés sur du papier bristol pour obtenir des mobiles.

La rosace

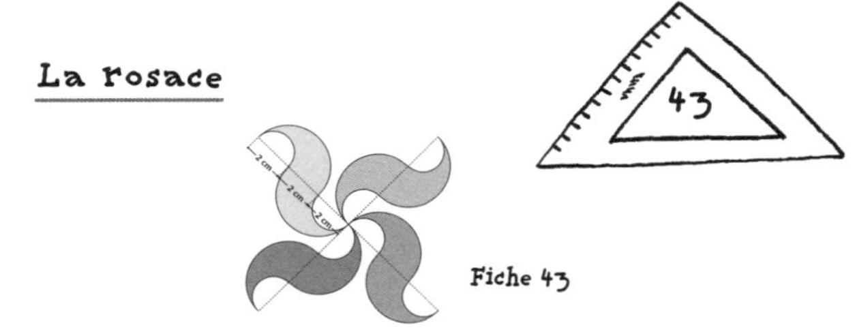

Fiche 43

Cette fiche permet la construction d'une rosace à partir d'un modèle. Elle peut être précédée d'une phase d'observation de la figure. Faire remarquer les demi-cercles : 2 cm de diamètre pour les plus petits, 4 cm pour les plus grands. Faire éventuellement rechercher le périmètre de la rosace. La décorer à son goût.

Symétries

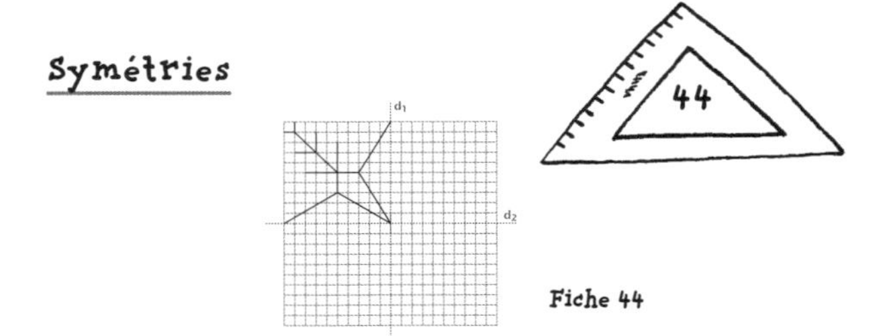

Fiche 44

Avant la phase de construction, s'assurer que les droites d_1 et d_2 ont bien été repérées.
La construction terminée, les enfants peuvent colorier le mandala obtenu. Ces coloriages peuvent aussi décorer la classe au moment de Noël, par exemple.

Autres disciplines

La catégorisation des aliments

Fiche 45

Les dessins proposés dans la partie extérieure peuvent être utilisés comme pistes de réflexion et de discussion avec les

enfants pour les amener à comprendre la classification :
1. eau ;
2. produits laitiers ;
3. viande, poisson, œufs ;
4. fruits et légumes ;
5. pain, céréales, féculents (pommes de terre, pâtes, riz...), légumes secs (lentilles, haricots...) ;
6. matières grasses (huiles, beurre, margarines...) ;
7. aliments sucrés (bonbons, sodas, confiture, miel...).

La fiche est à compléter et à colorier pour ancrer la mémorisation de la classification. D'autres exemples d'aliments peuvent être écrits, pour chaque catégorisation, autour du mandala.

Les 5 continents

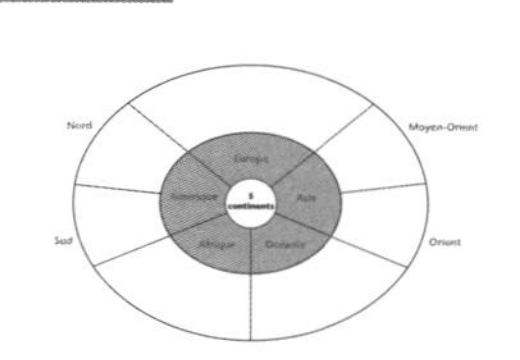

Fiche 46

Cette fiche est une globalité d'accueil de pays connus des enfants ou rencontrés dans des séances de découverte du monde. Chaque continent peut lui-même faire l'objet d'un mandala avec des rubriques comme : pays, langues, art... au gré de l'enseignant et de son projet de classe.

Les fleuves en France

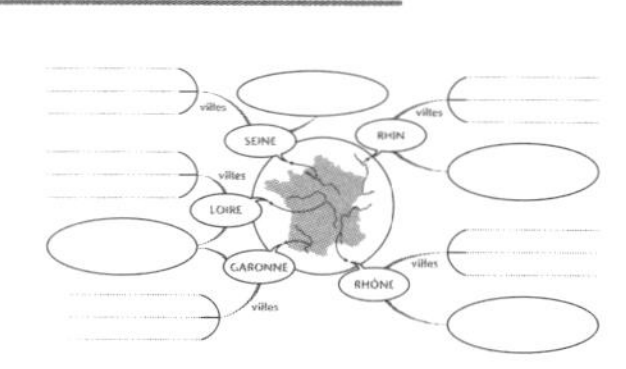

Fiche 47

Chaque élève choisit une couleur par fleuve, colorie de la même couleur le tracé de ce fleuve, la bulle pour la mer ou l'océan dans lequel il se jette, ou les embouchures (nuance possible à apporter pour le Rhin qui ne fait que passer en France) et les ramifications du schéma qui peuvent recueillir des villes ou d'autres indications au choix de l'enseignant.

Ma région

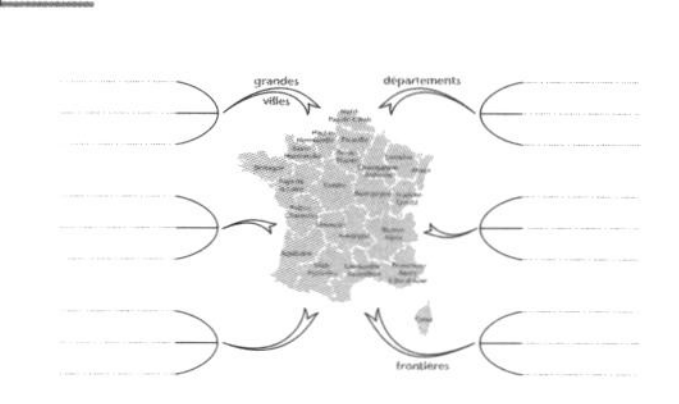

Fiche 48

Faire repérer et colorier sur la carte de France la région concernée par l'école. Utiliser la fiche comme support de prise de notes des différentes activités de l'enseignant sur le sujet. La fiche peut être complétée au cours de plusieurs séances ; elle permet alors de faire des liens entre les thèmes abordés. Le mandala contient des branches vides pour s'adapter plus souplement aux spécificités de chaque région (relief, roche, fleuves, gastronomie, monuments, activités touristiques...).

Le Moyen Âge

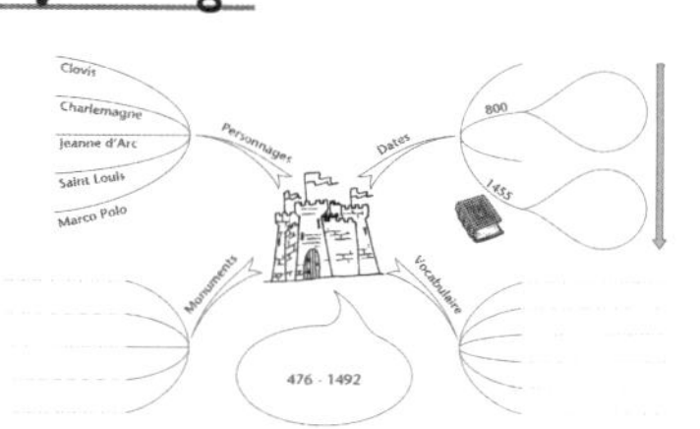

Fiche 49

Cette fiche est aussi un support de mémorisation d'une séquence d'histoire. Elle est à compléter, colorier et personnaliser par chaque enfant. L'enseignant peut effacer des éléments indiqués sur les différentes branches ou en ajouter d'autres avant photocopie. Il peut les faire écrire par les enfants eux-mêmes au fil des séances.

Remarque : la flèche à droite des dates illustre l'axe chronologique (du plus ancien au plus récent).

Les grandes civilisations

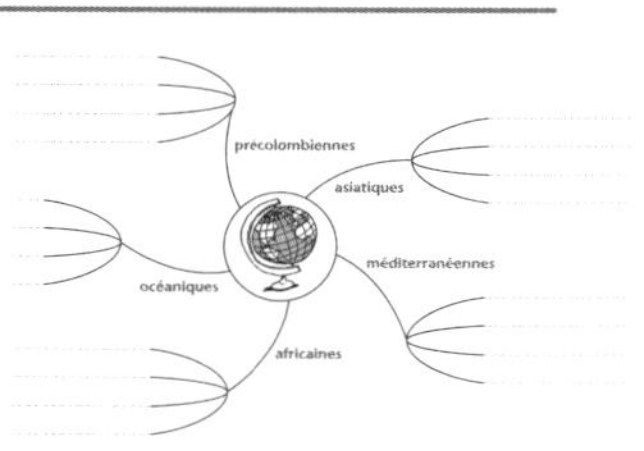

Fiche 50

Les programmes proposent de contextualiser les traces artistiques (peintures, mosaïques, monuments, objets...) rencontrées par les enfants lors de visites d'expositions, au cours d'exposés, etc. Ce schéma centré peut les aider à intégrer ces traces dans un contexte spatial et temporel, et à les mémoriser. Il peut être complété par des photos, des dessins, etc.

Écoute musicale
Les arts visuels

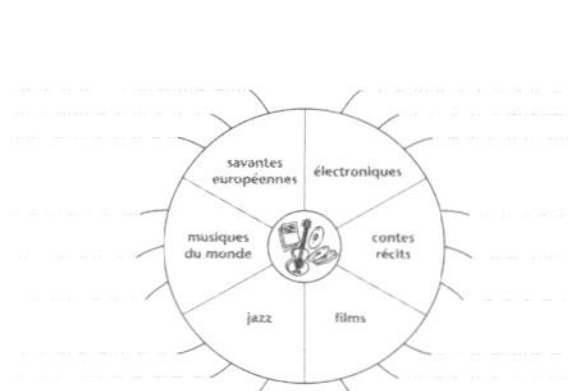

Fiche 51

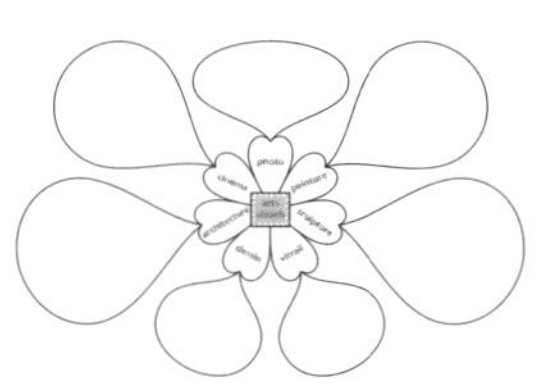

Fiche 52

Ces mandalas sont destinés à positionner une œuvre écoutée (fiche 51) ou des documents rencontrés par les enfants (fiche 52) dans la rubrique correspondante. L'objectif est d'amener chacun à des classifications en s'entraînant à repérer des liens logiques d'analogie (similitude et différence). Ils peuvent être largement agrandis en poster pour être affichés dans la classe et complétés collectivement (en arts visuels notamment, par des photos, des dessins, etc.).

Nom : ....

Homophones : VERT, VERS... 1

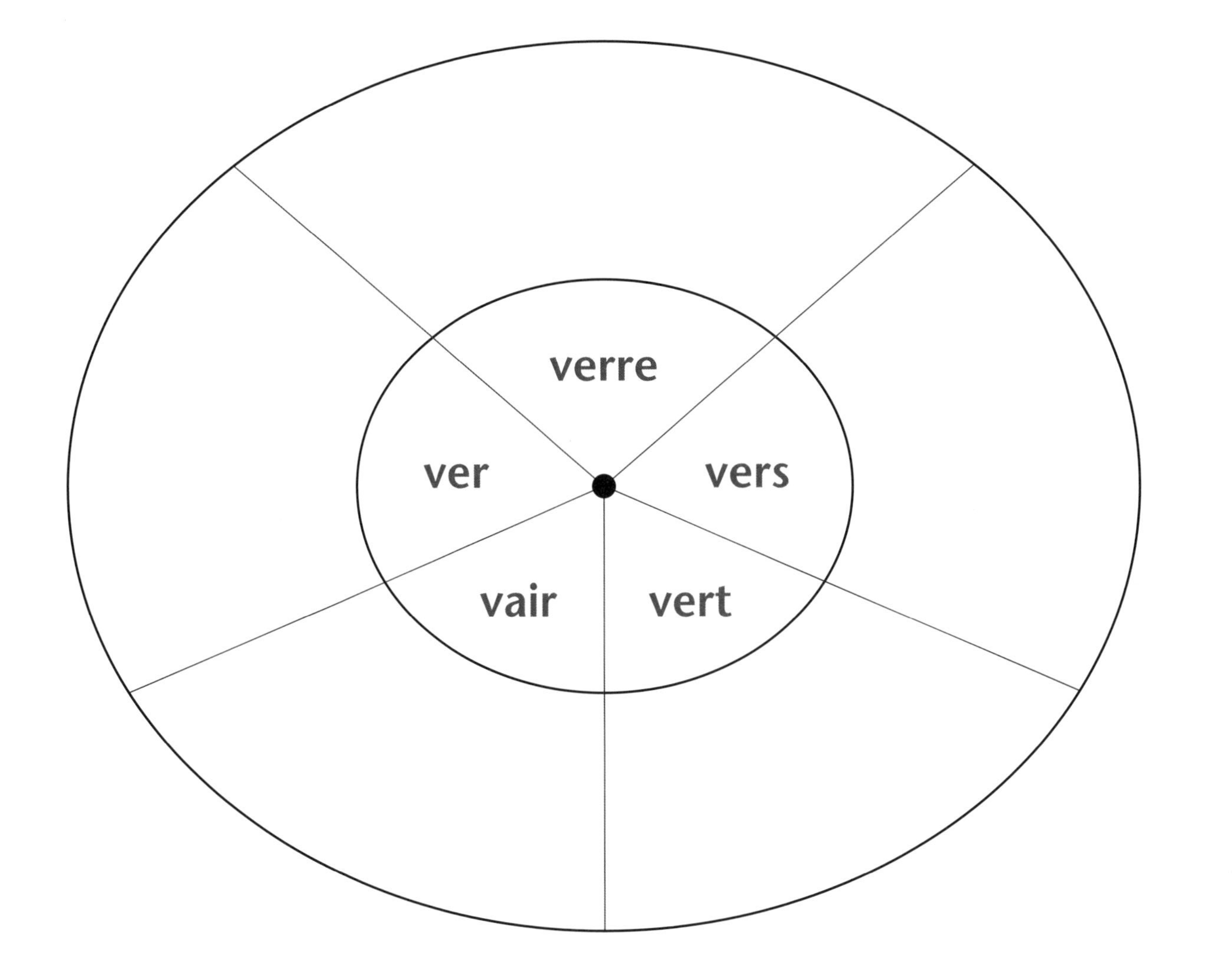

Nom : ....

Homophones : CES, C'EST... 2

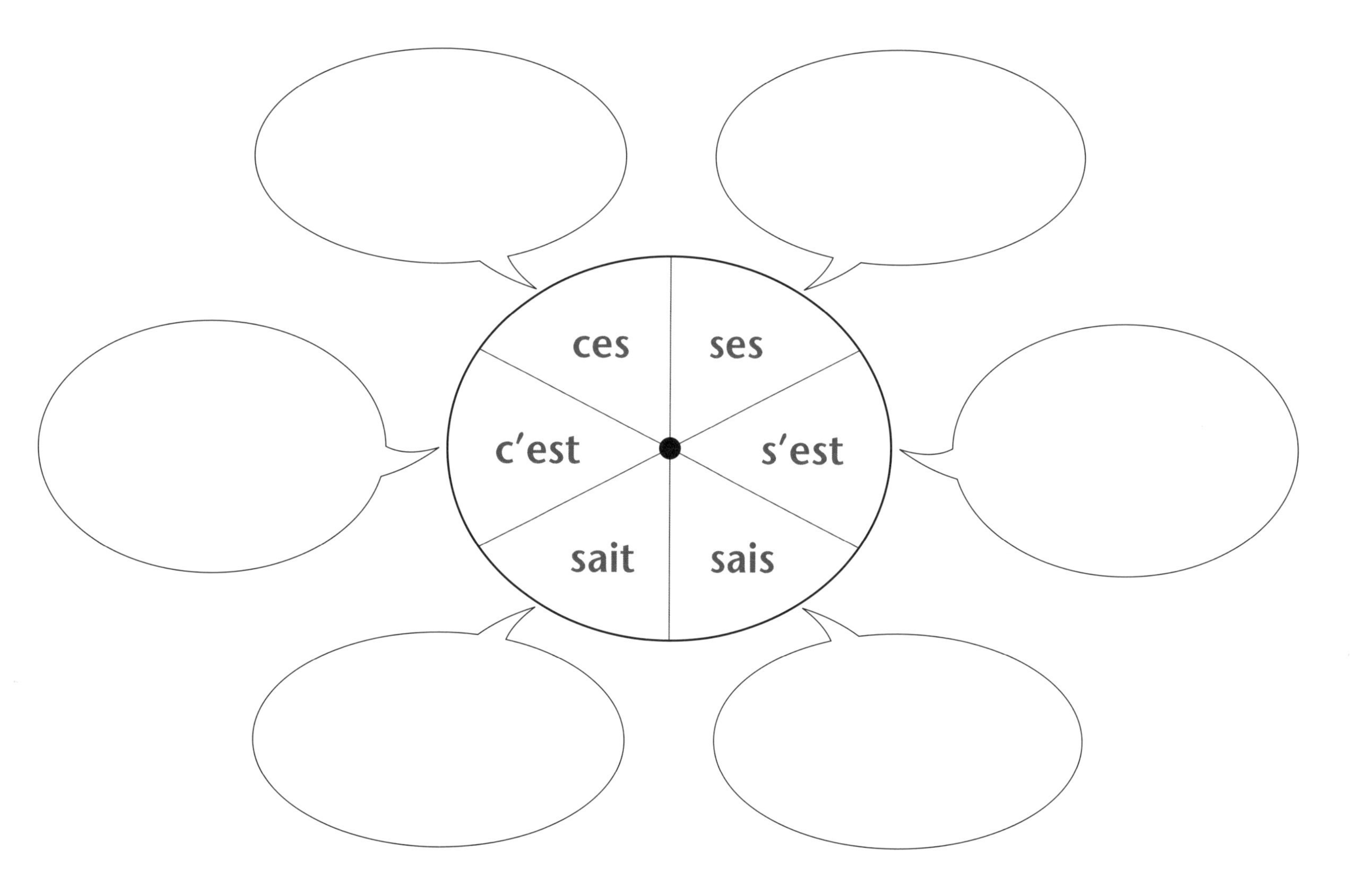

Nom : ....

Homophones : SANG, CENT... 3

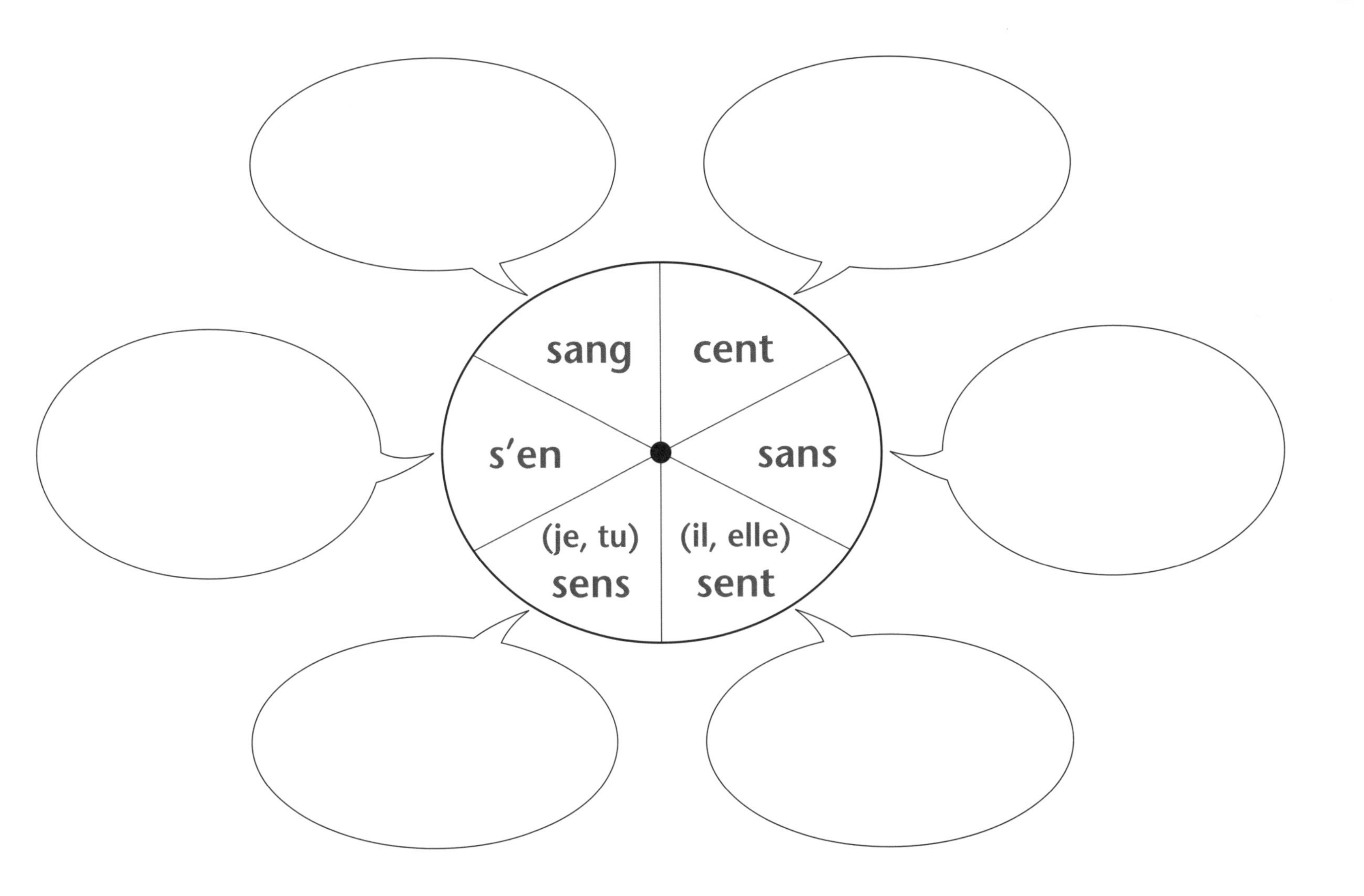

Nom : ....

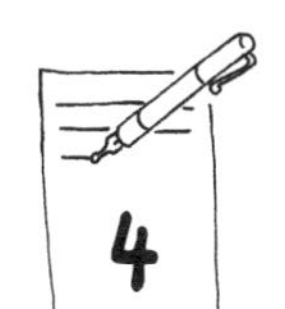

Homophones : AIR, ÈRE...

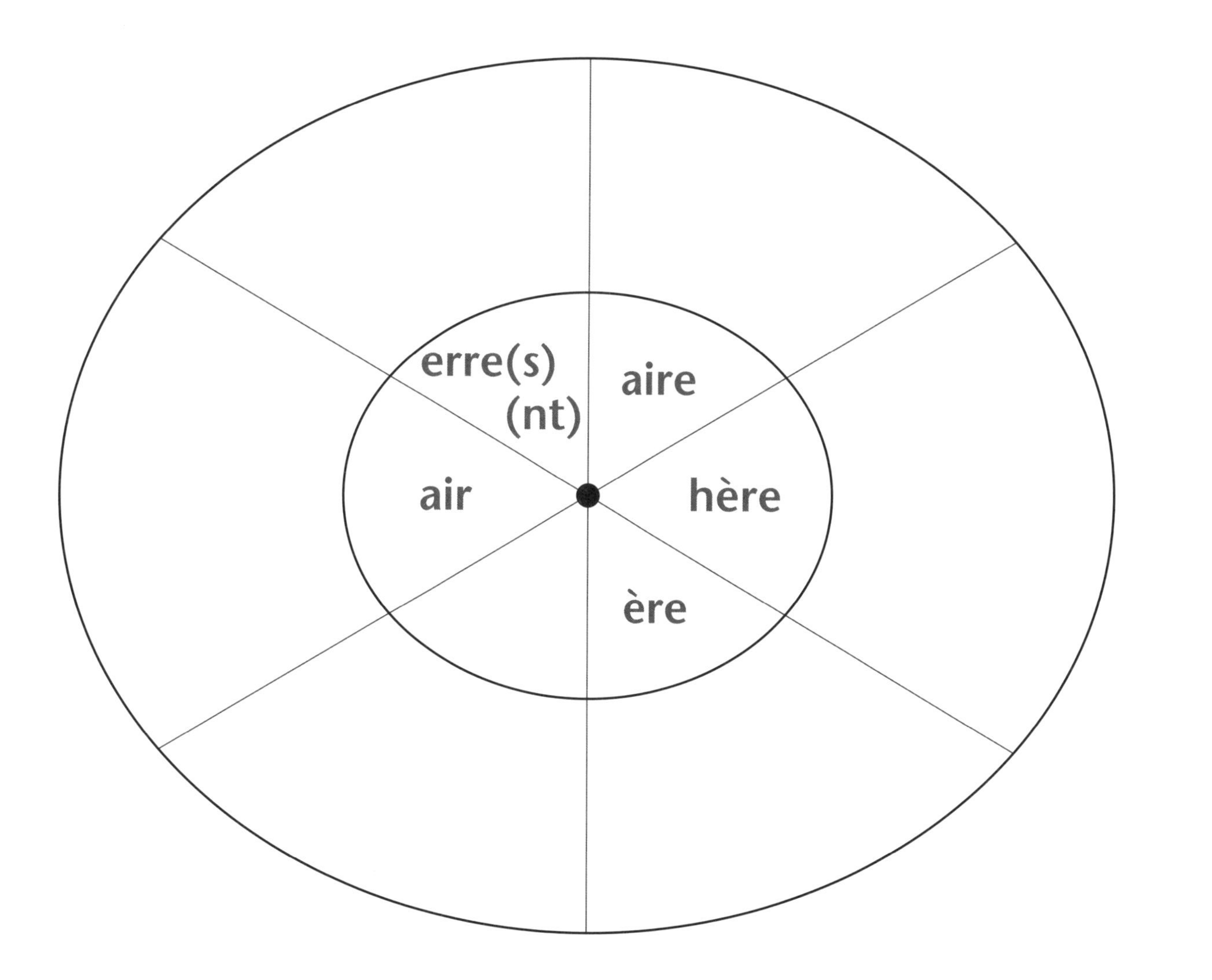

Nom : ....

Homophones : MES, MAIS...

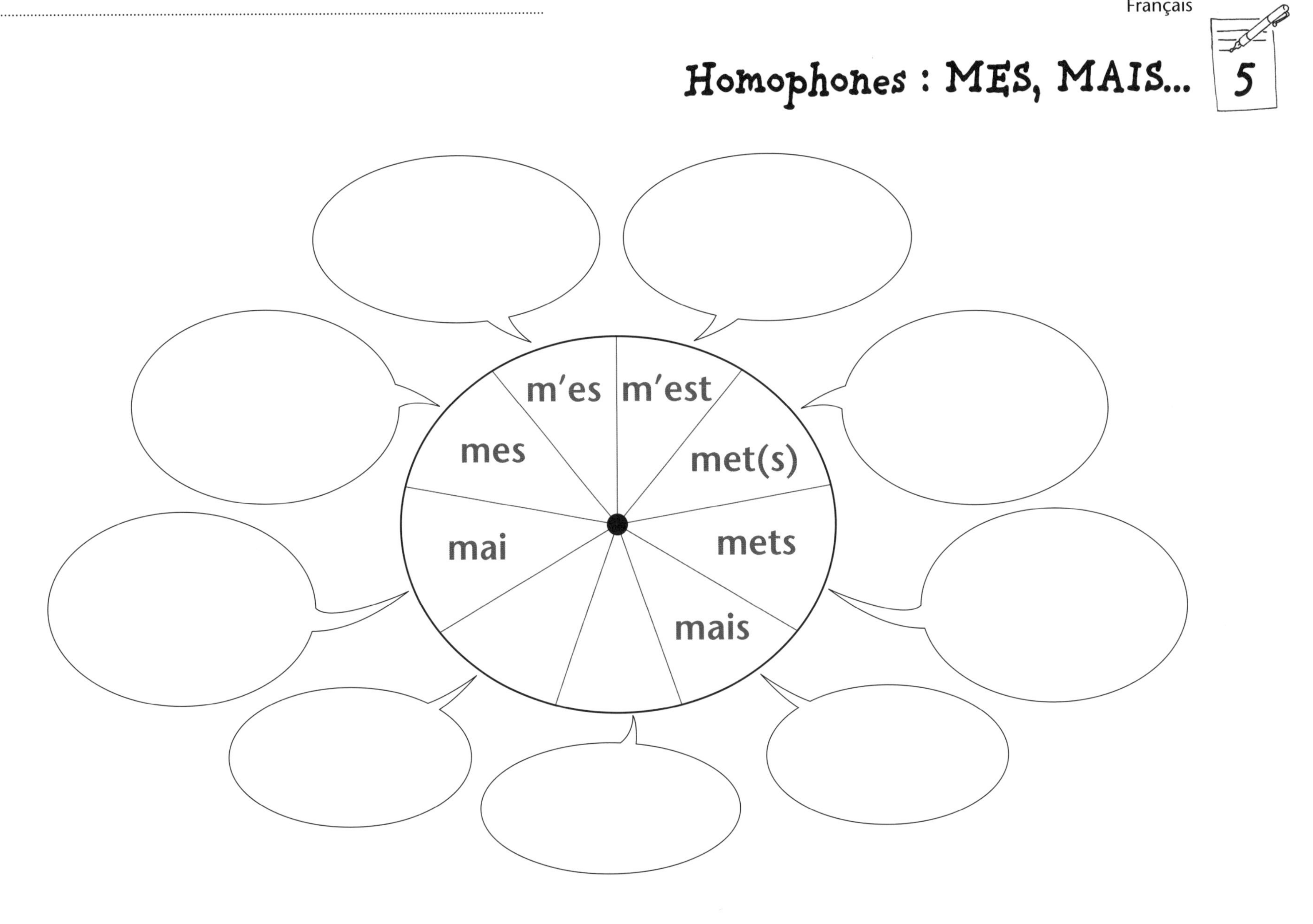

Nom : ....

Les « visées » du À 6

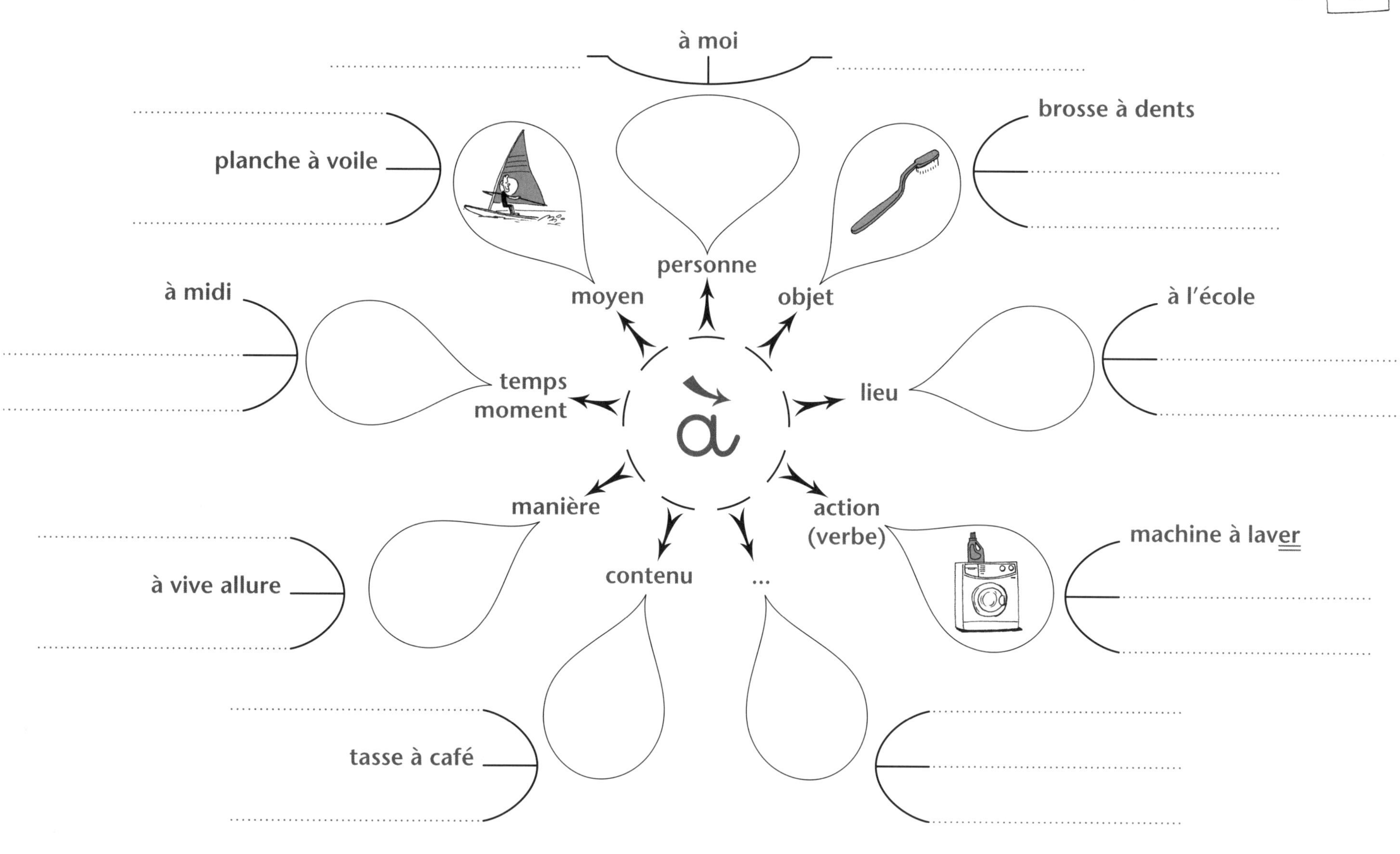

Nom : ....

L'accent circonflexe

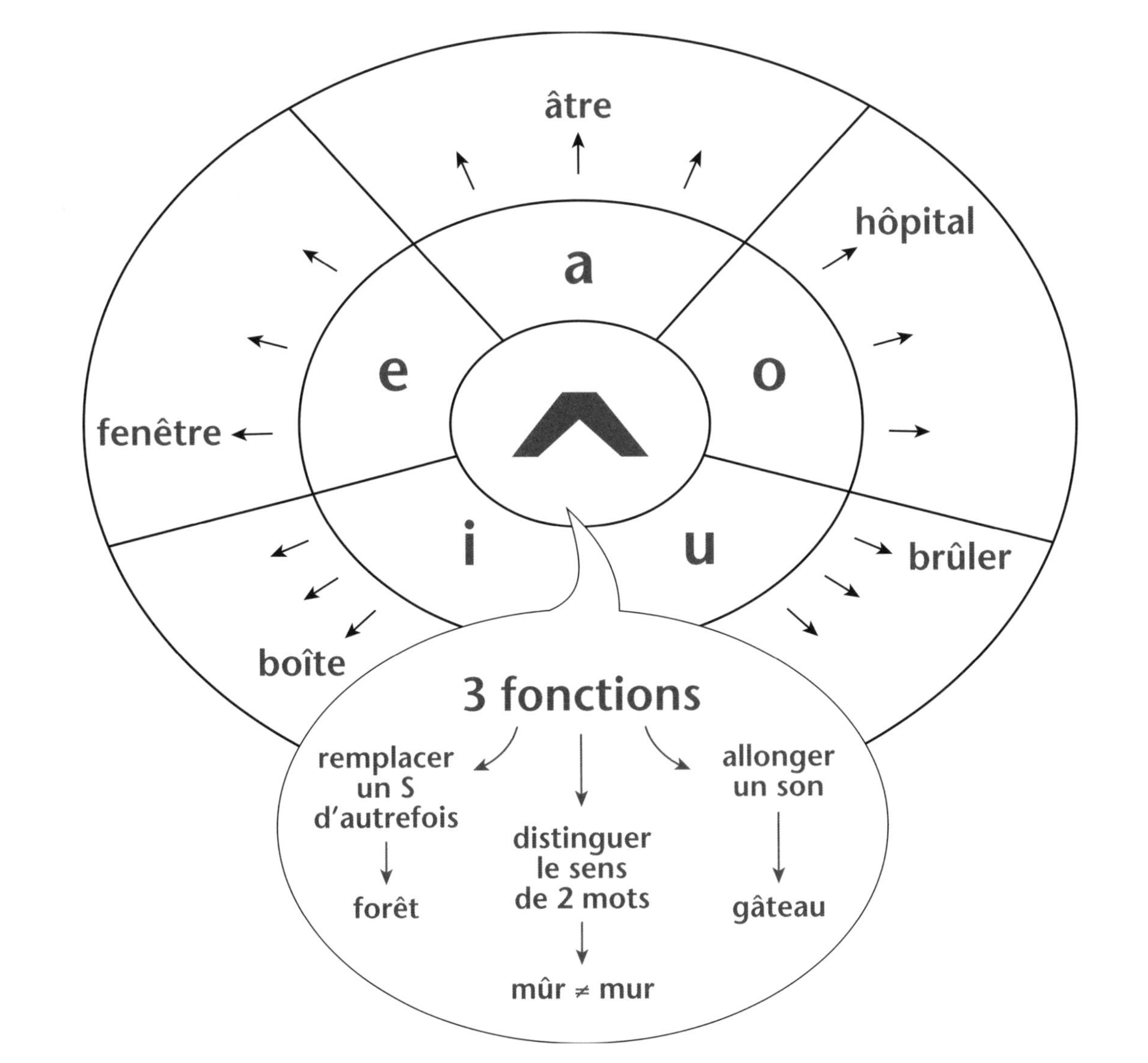

Nom : ....

Accord des adjectifs de couleur

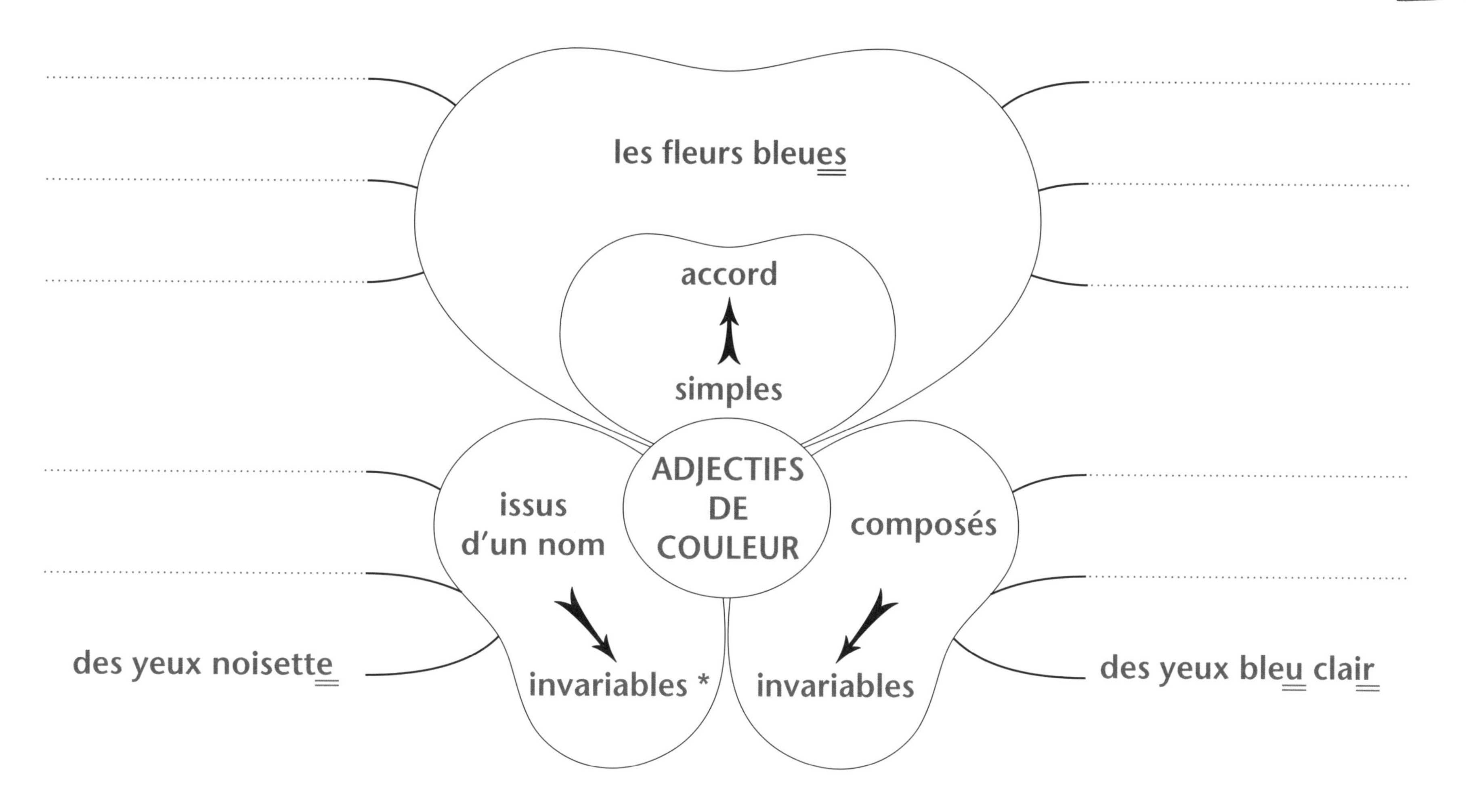

* Exceptions : rose, mauve ⟶ des fleurs roses et mauves.

Nom : ....

Les terminaisons des participes passés

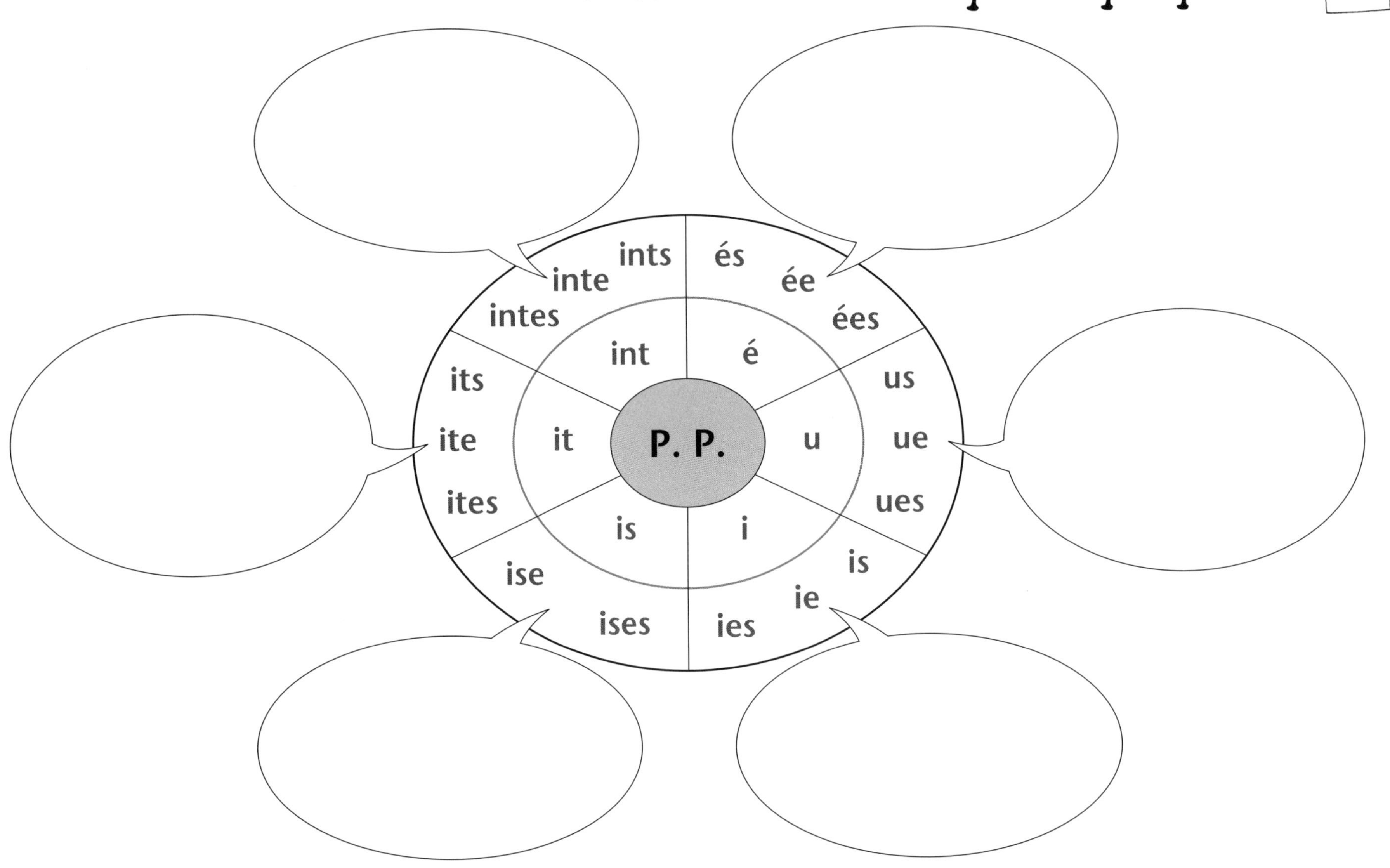

Nom : ....

Les pronoms 10

PRONOMS

possessif

personnel

interrogatif

?

adverbial

indéfini

relatif

démonstratif

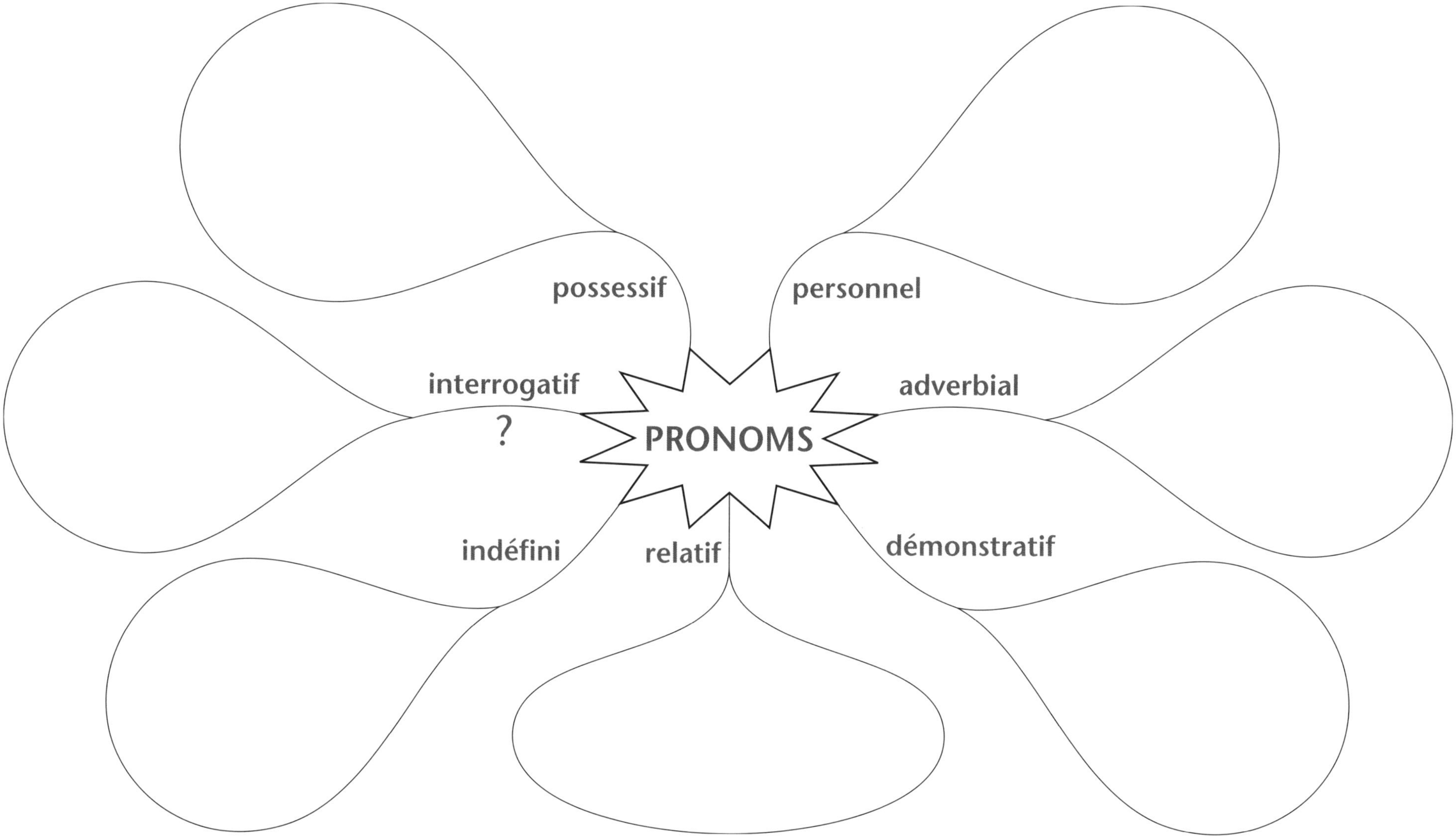

Nom : ....

La nature des mots 11

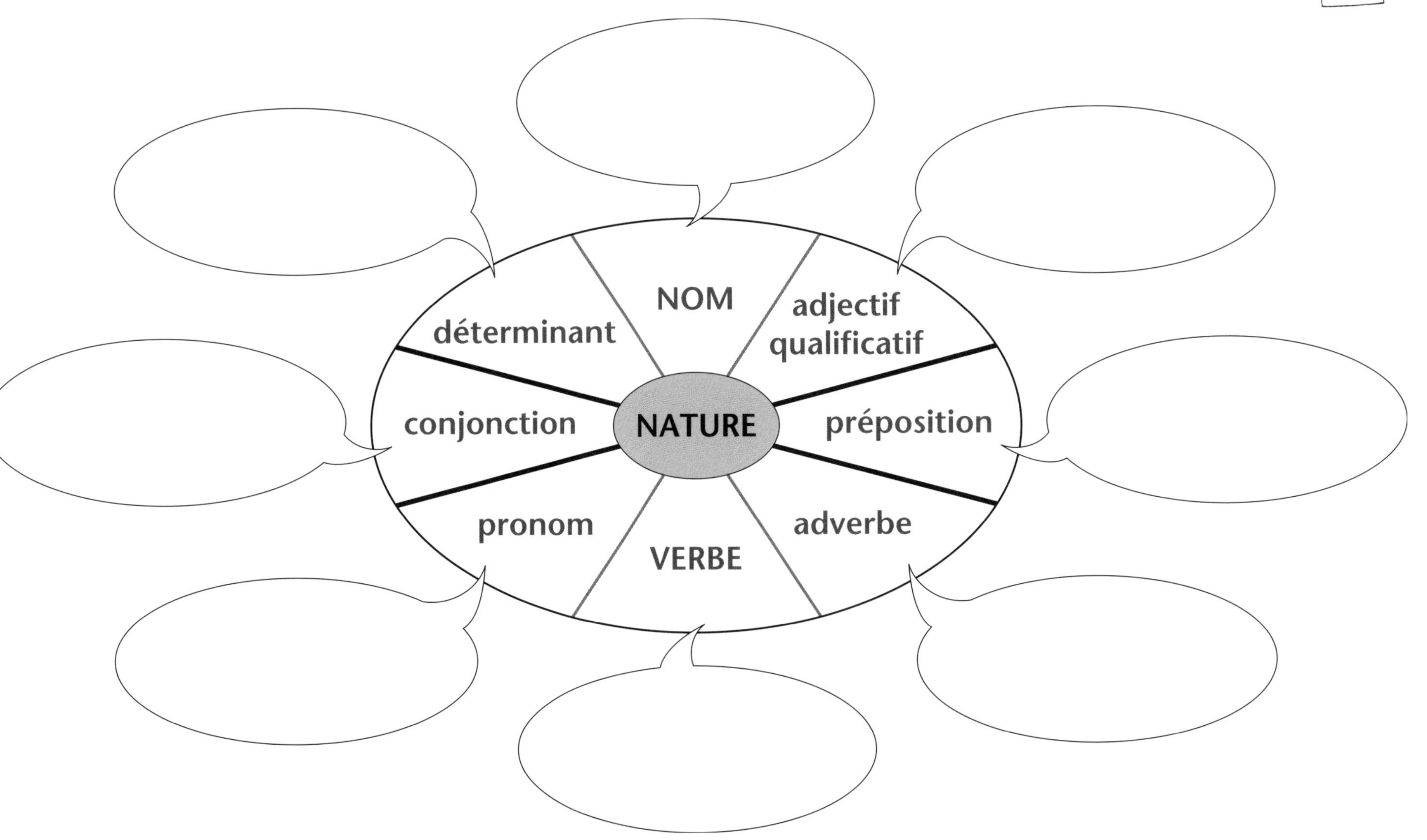

Nom : ....

Français

Les fonctions des mots 12

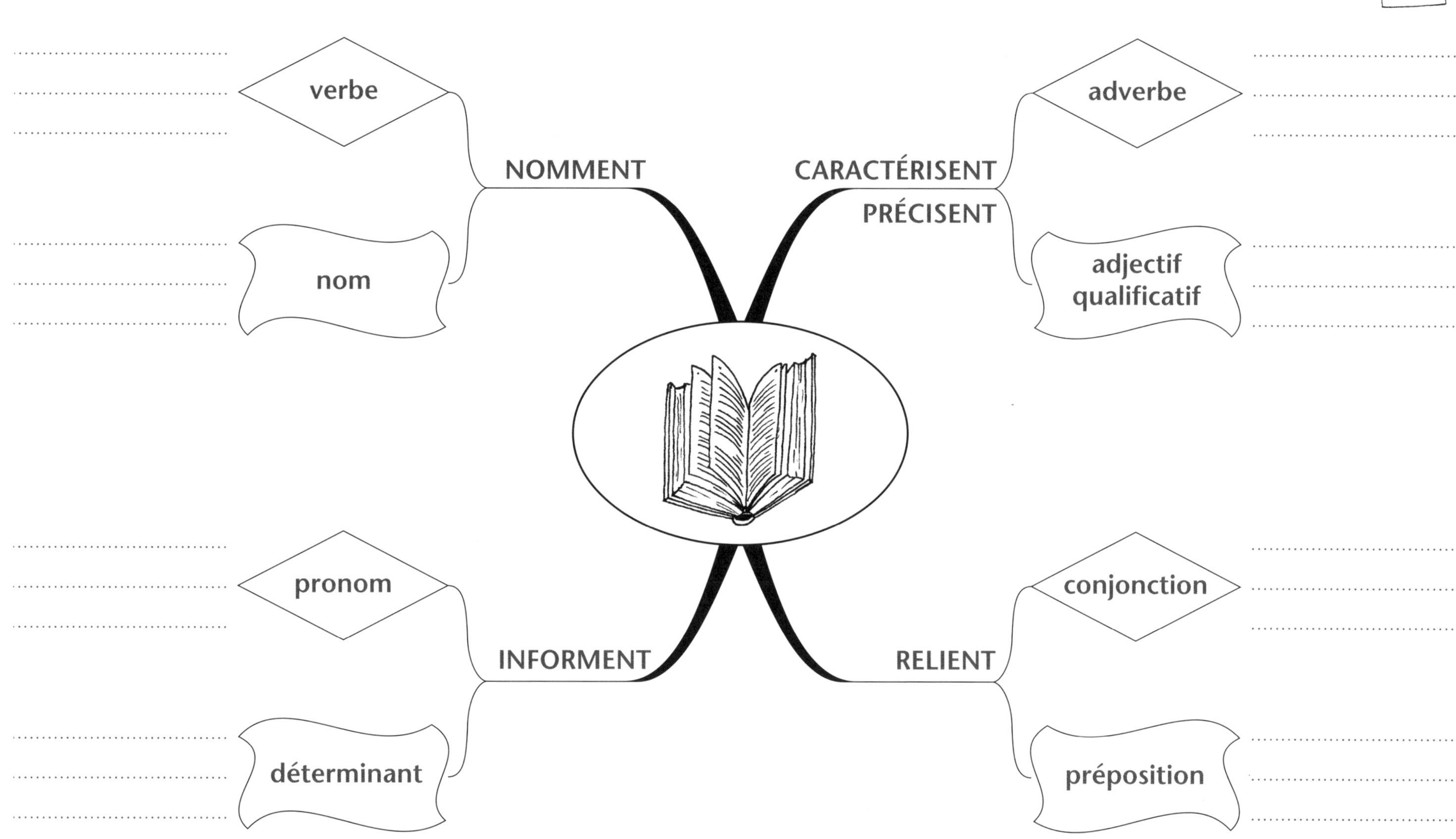

Nom : ....

Les déterminants

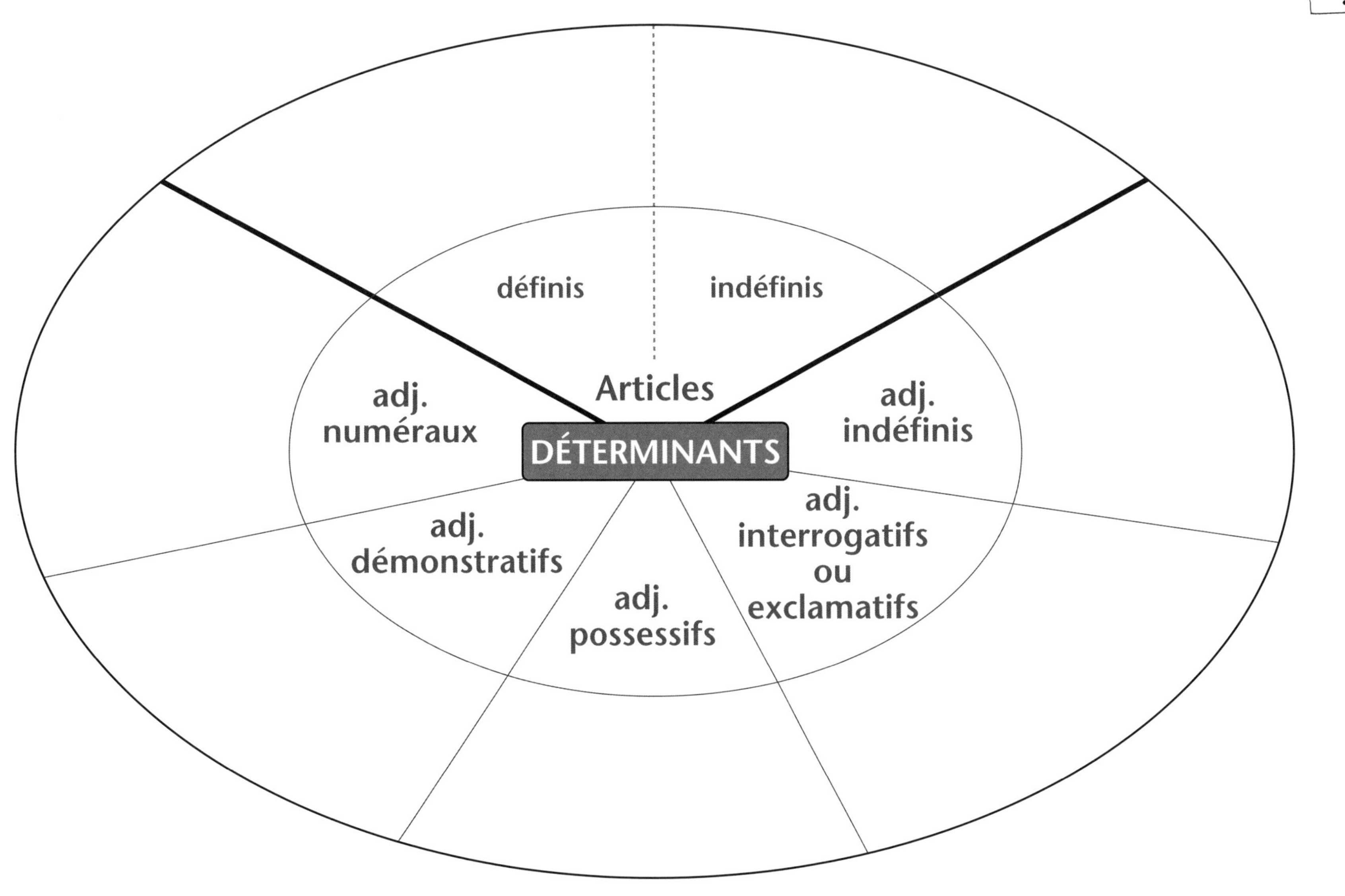

Nom : ....

La phrase 14

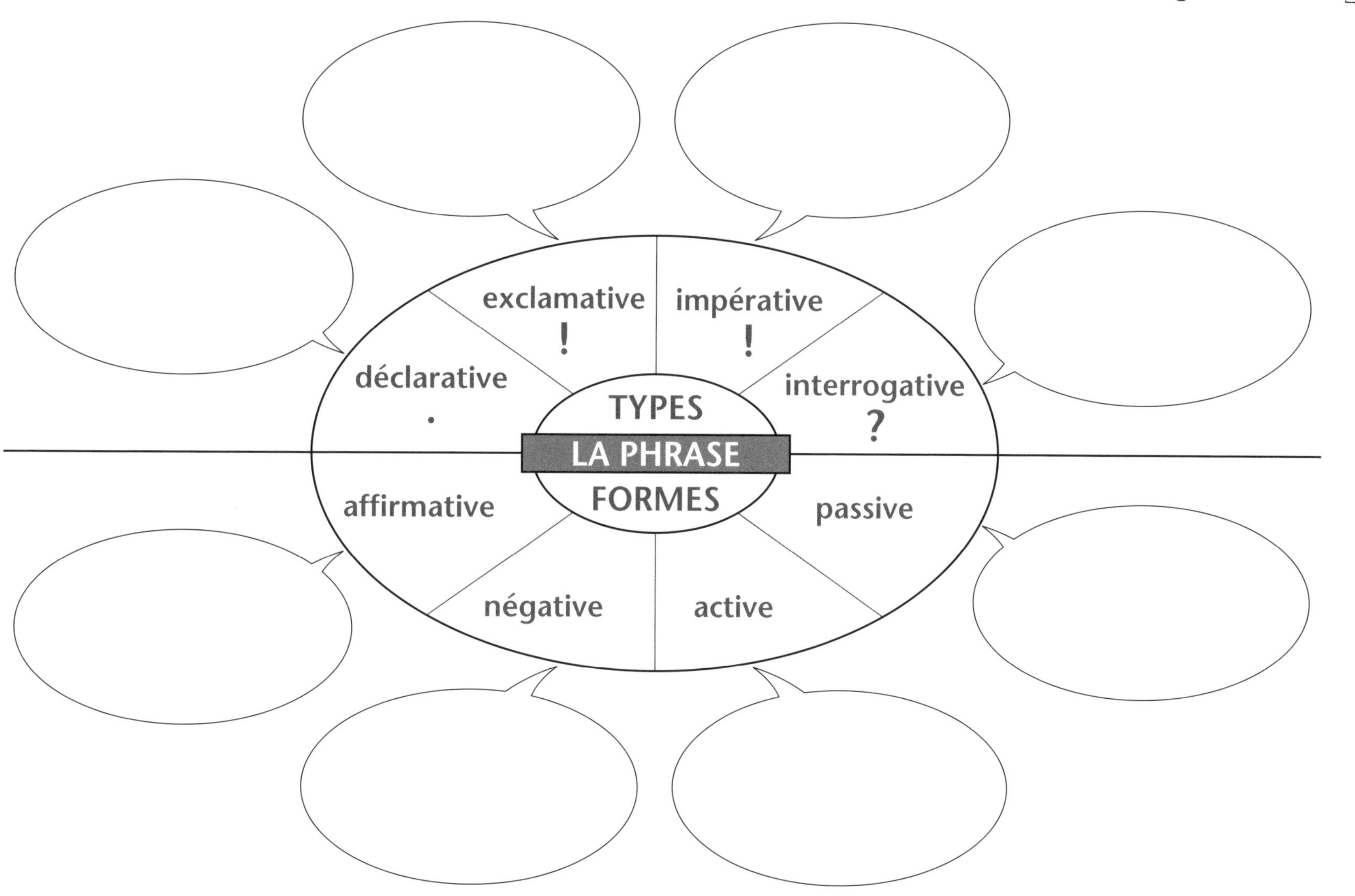

Nom : ....

Règle d'accord du participe passé 15

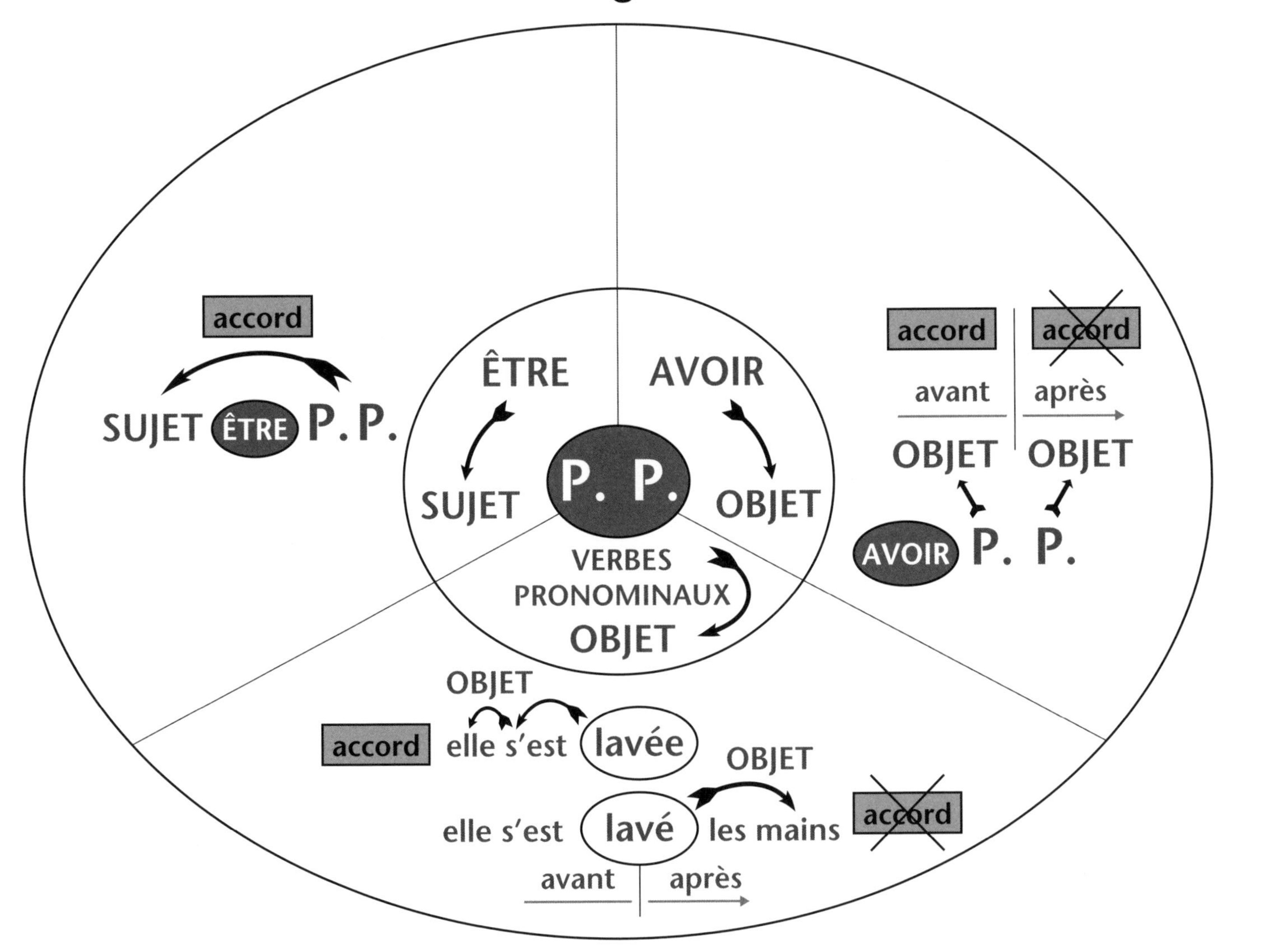

Nom : ....

Penser la phrase simple

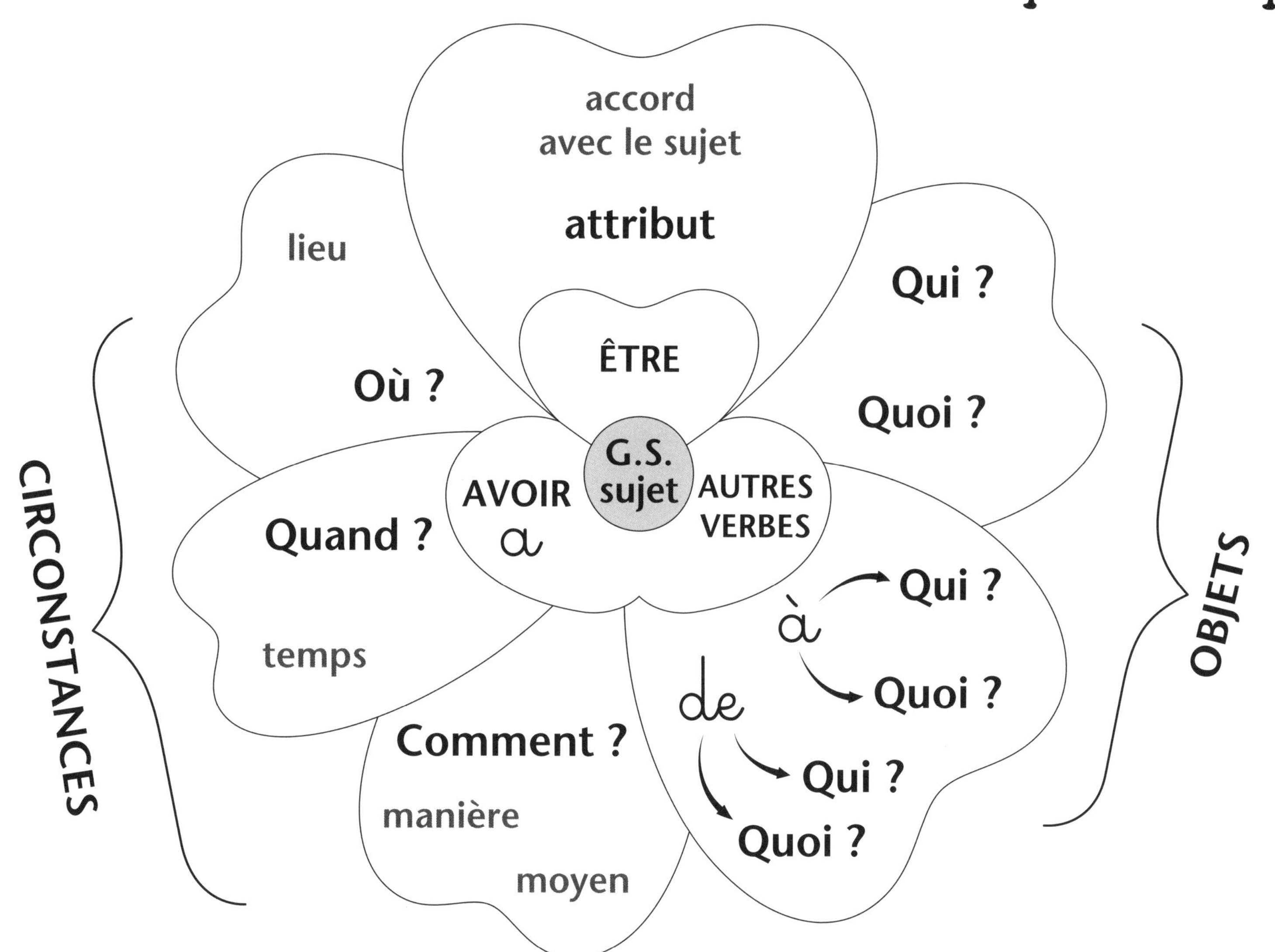

Nom : ....

Polysémie : le mot « pièce » 17

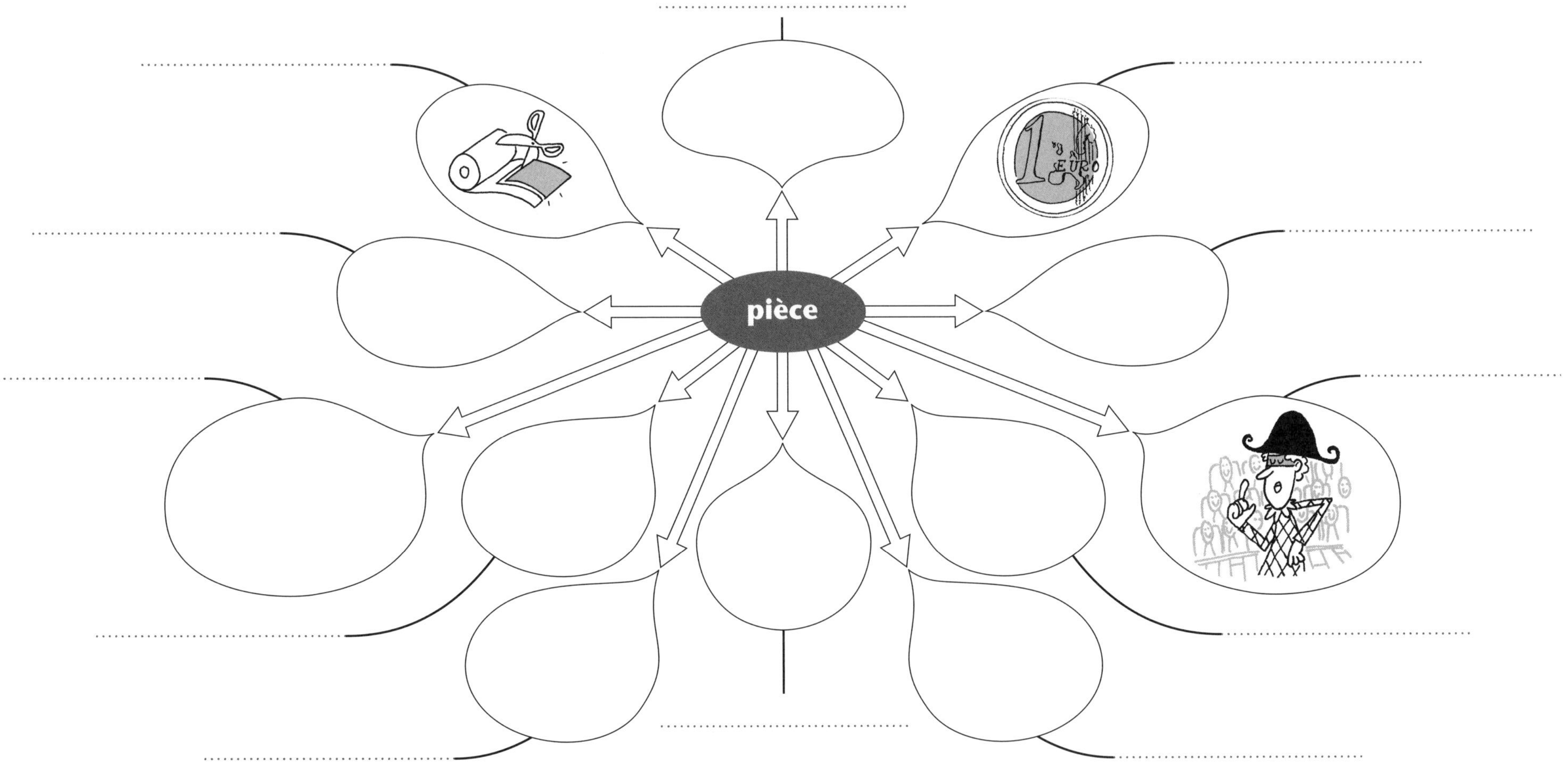

pièce

Le mot «pièce» est probablement d'origine celtique (*peth* : chose).

Nom : ....

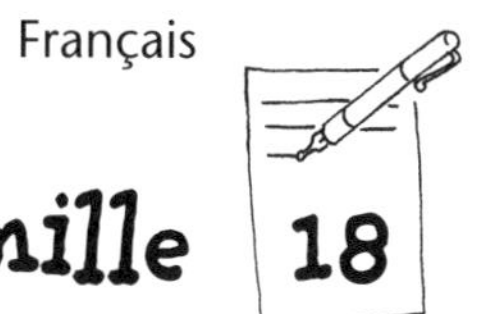

Mots de la même famille 18

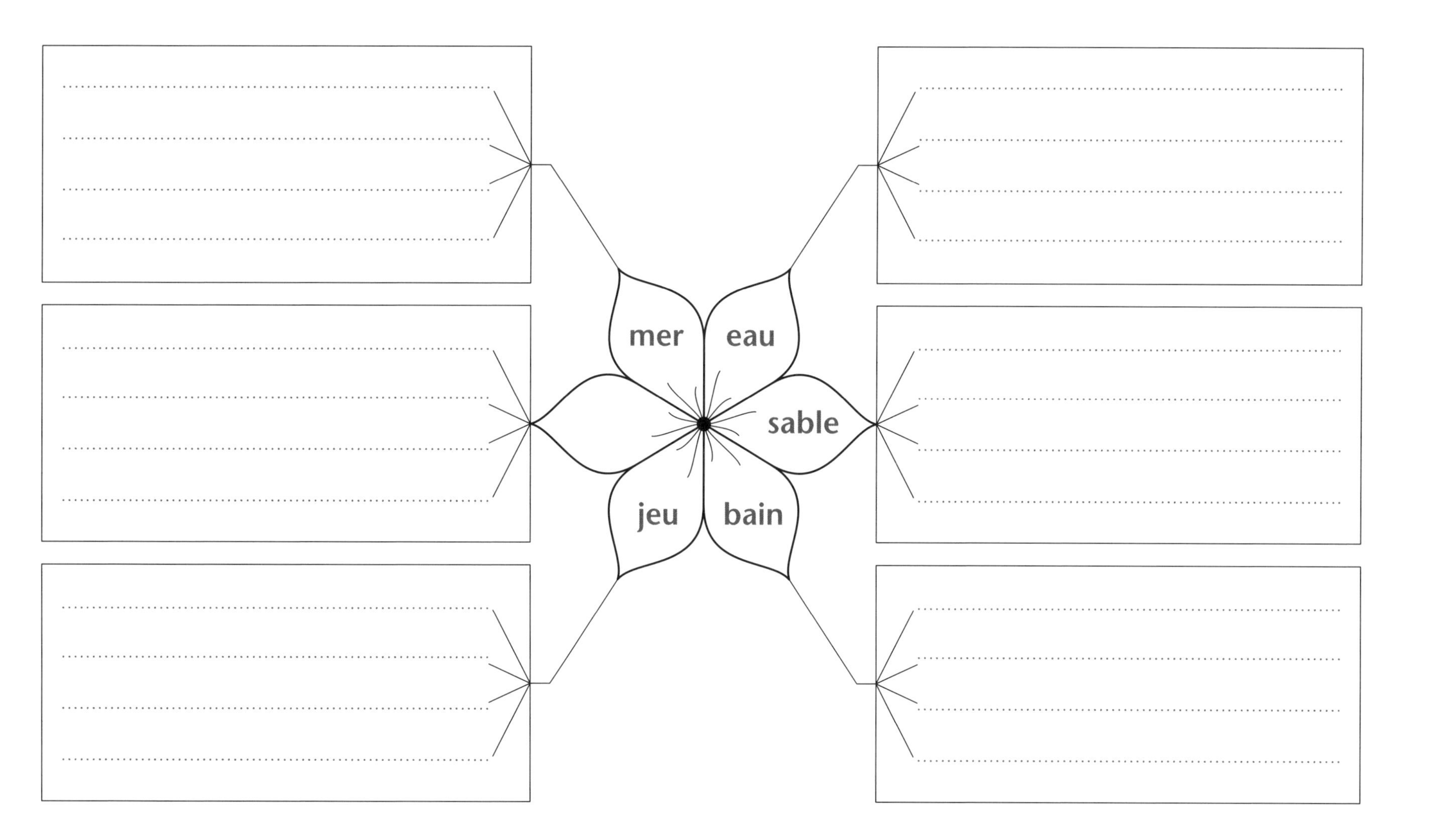

Nom : ....

Grille d'observation de la dictée 19

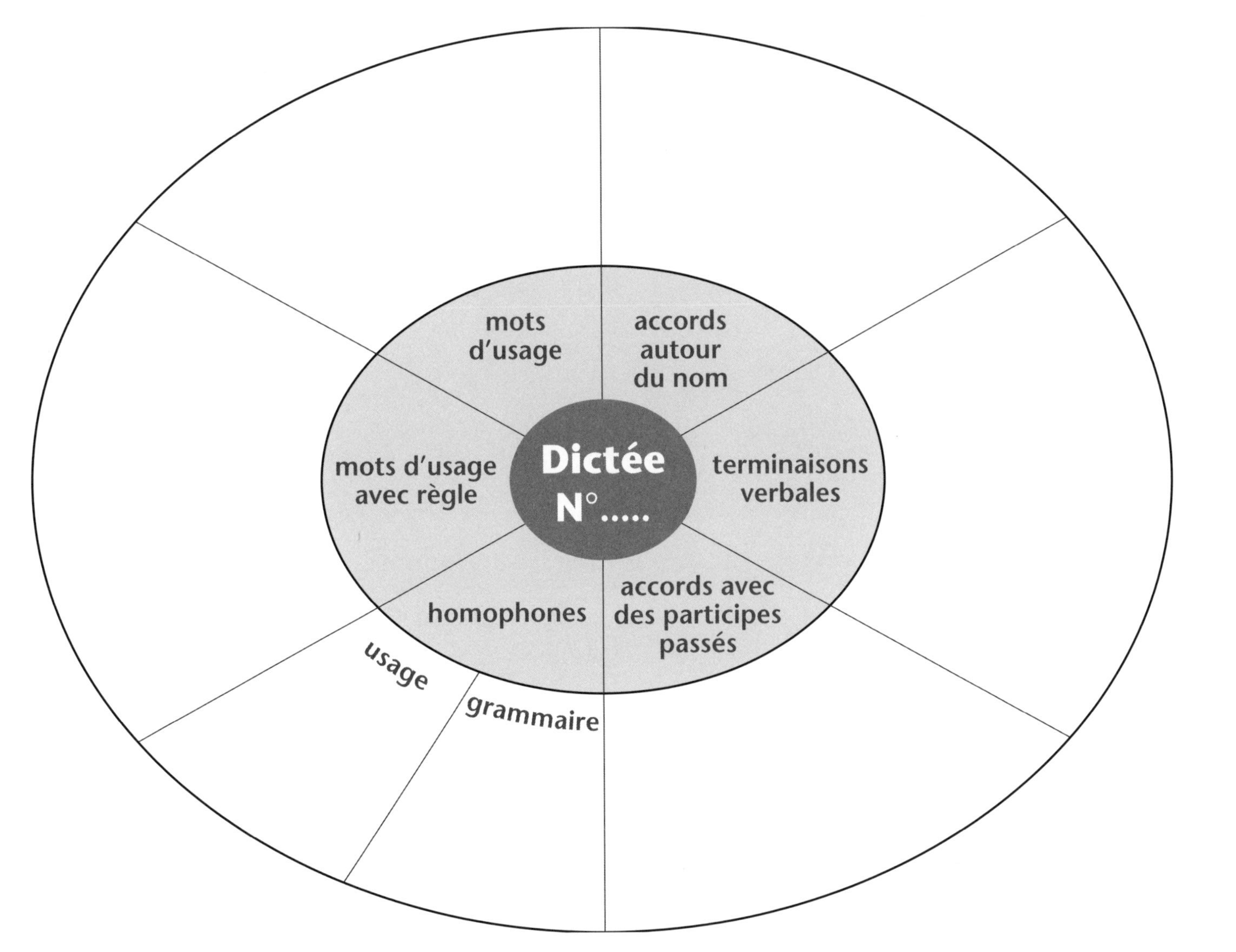

Nom : ....

Fiche de lecture 20

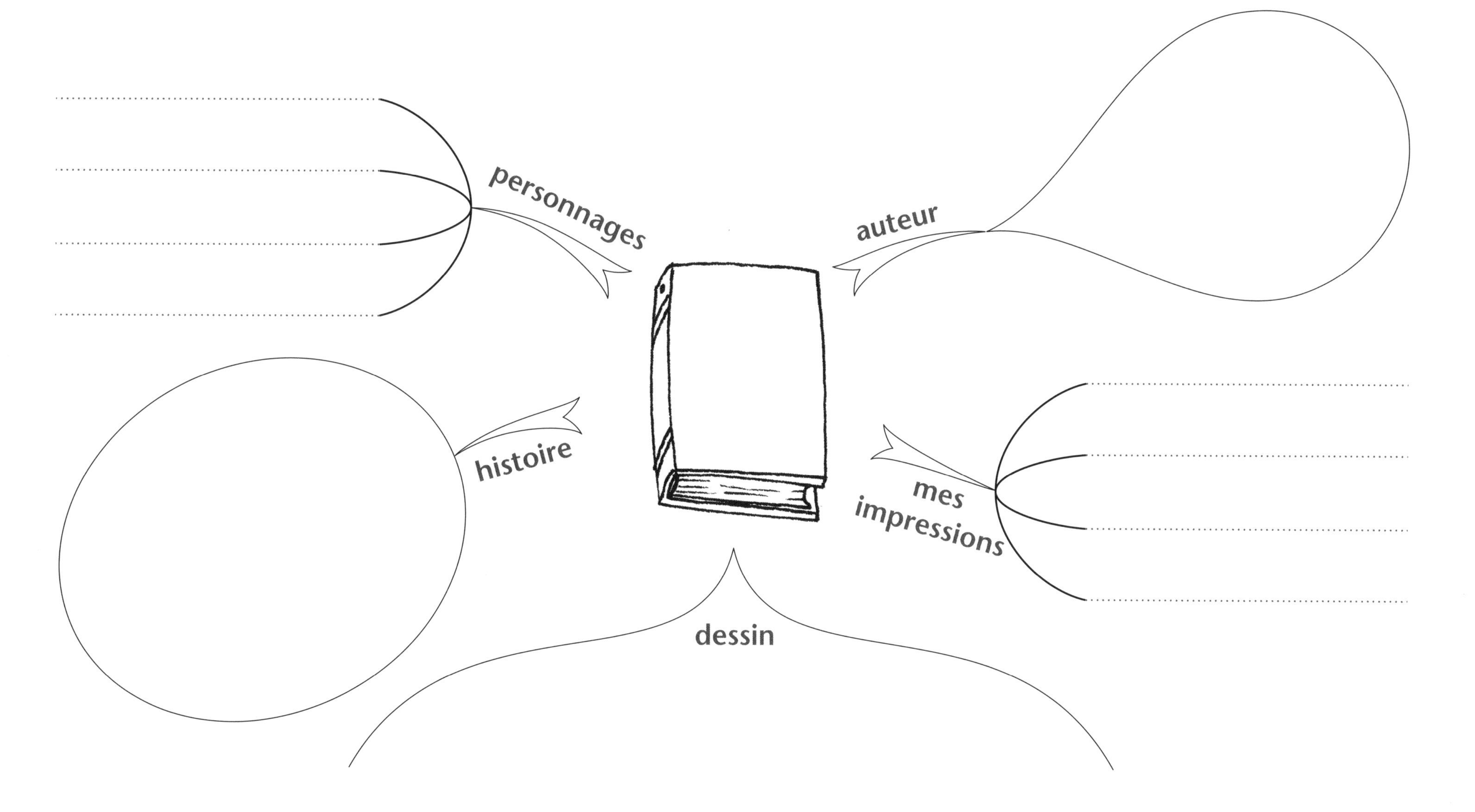

Nom : ....

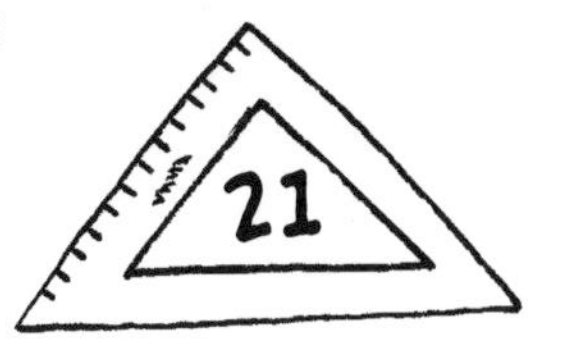

Jouer avec le nombre 100

Trouve 2 nombres, puis 3, puis 4 dont le produit est égal à 100.

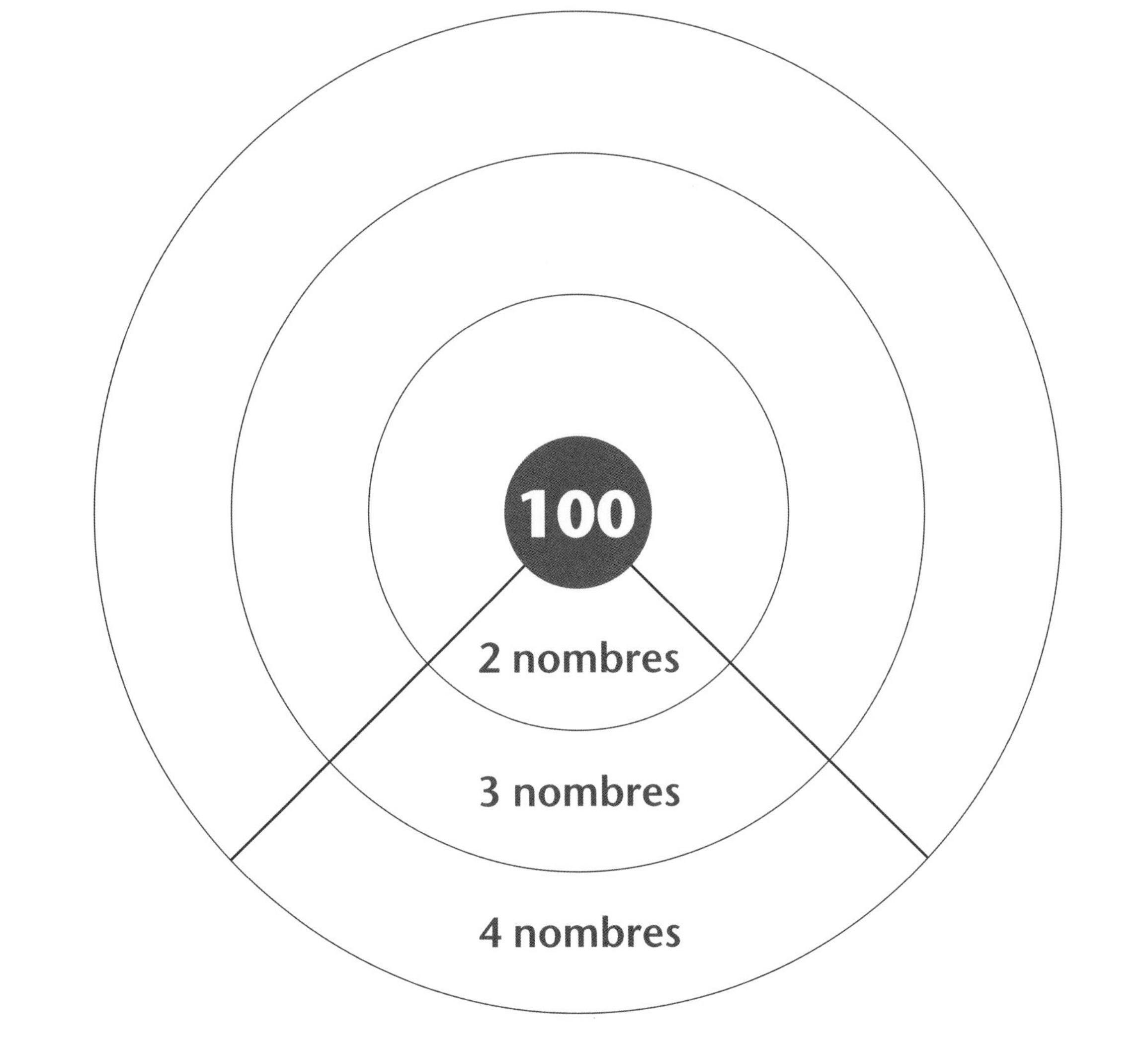

Nom : ....

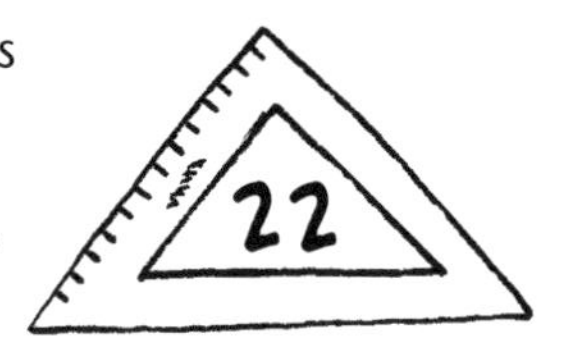

Jouer avec le nombre 72

Trouve 2 nombres, puis 3, puis 4, puis 5 dont le produit est égal à 72.

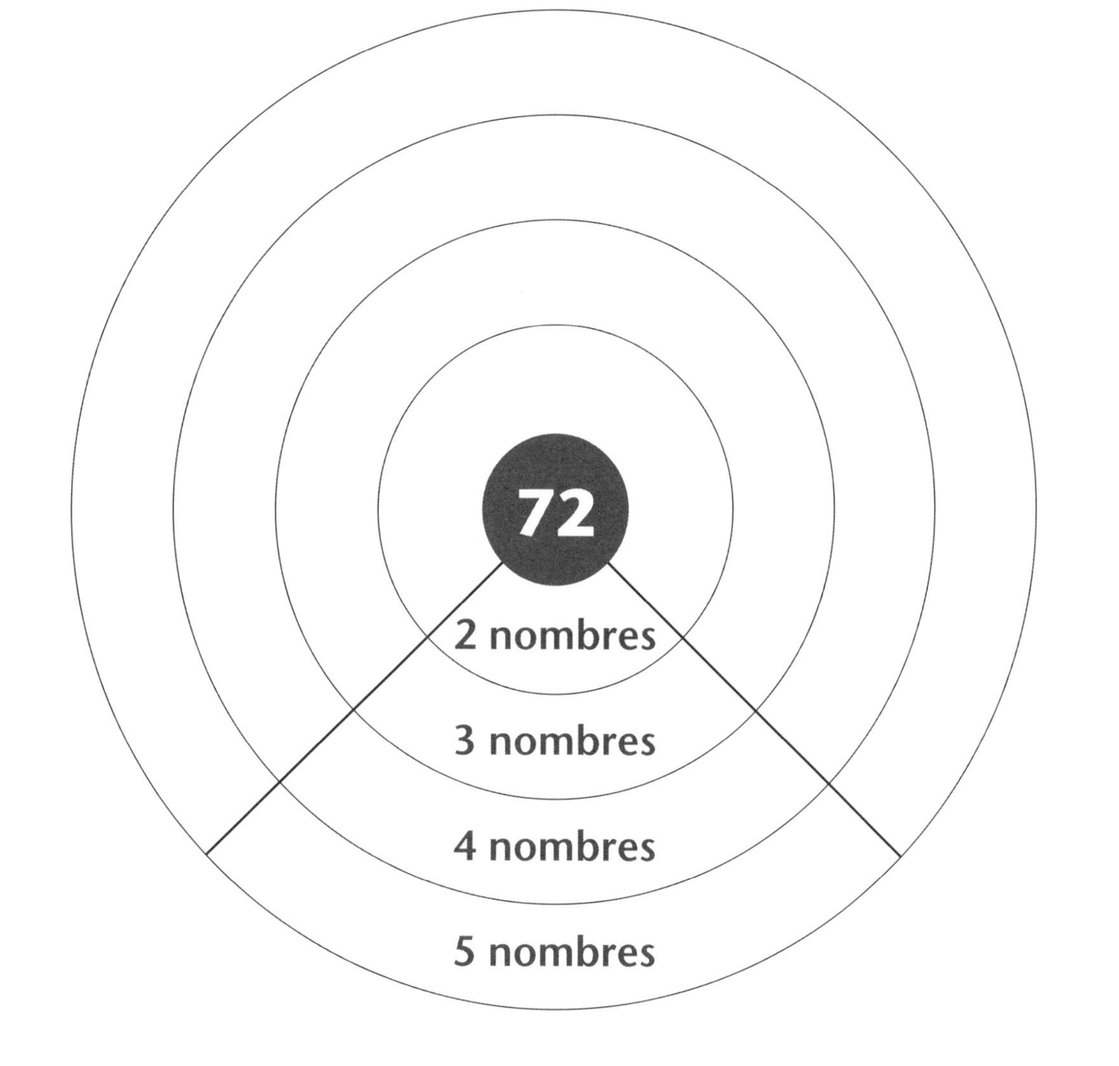

Nom : ....

Quelques nombres remarquables dans les tables

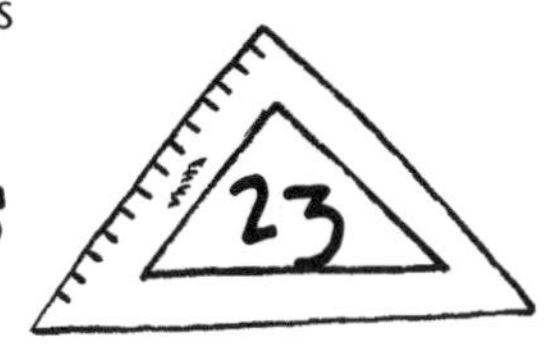

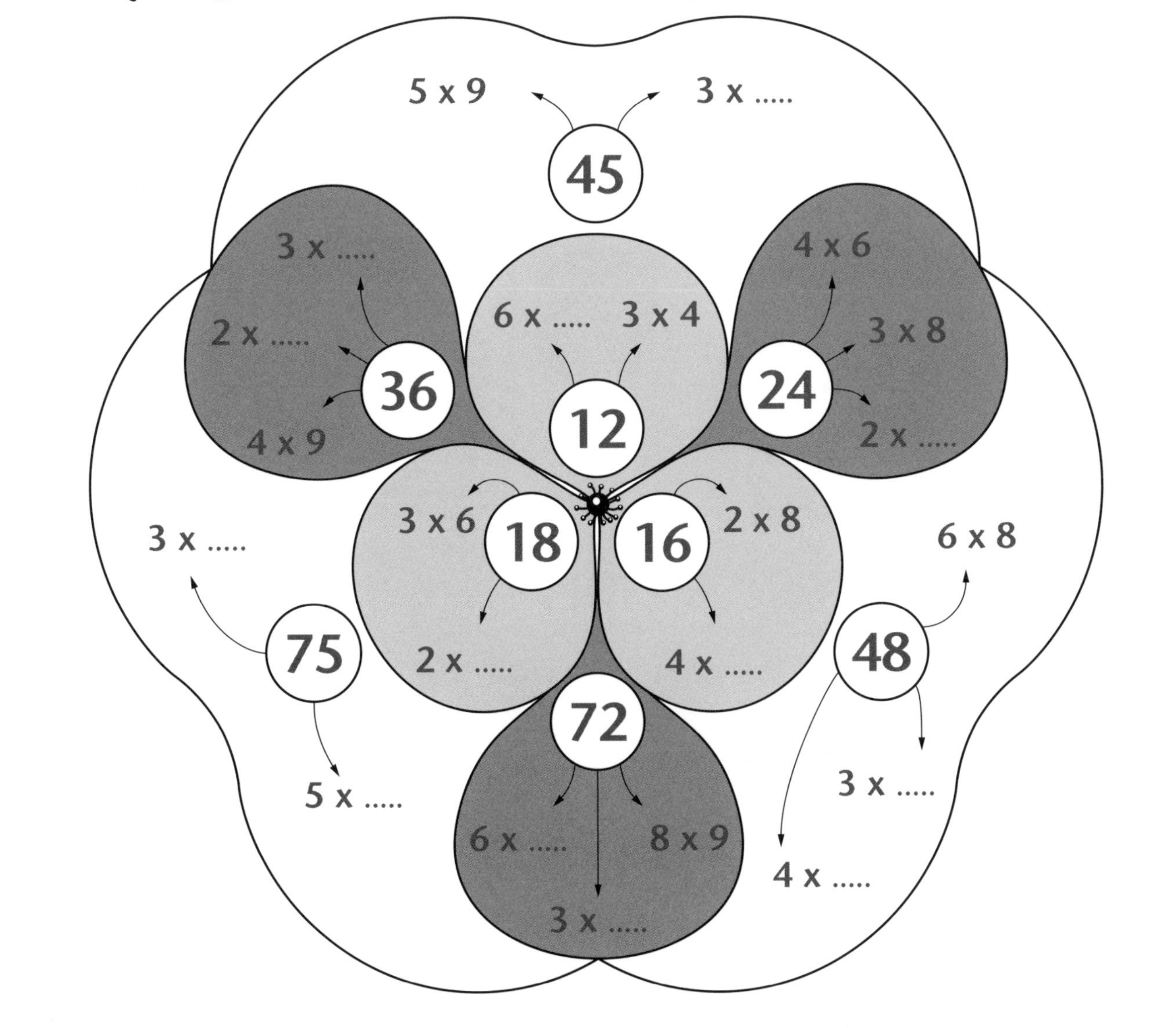

Nom : ....

Multiplier par 11

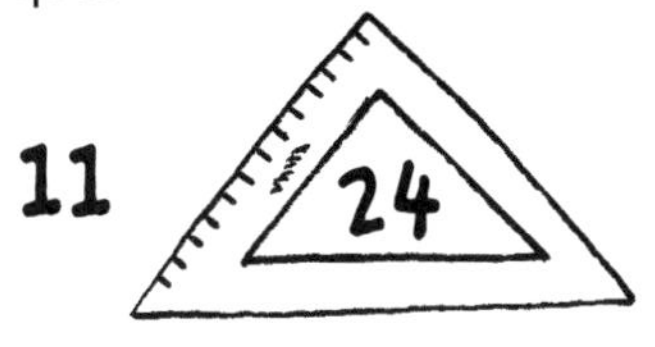

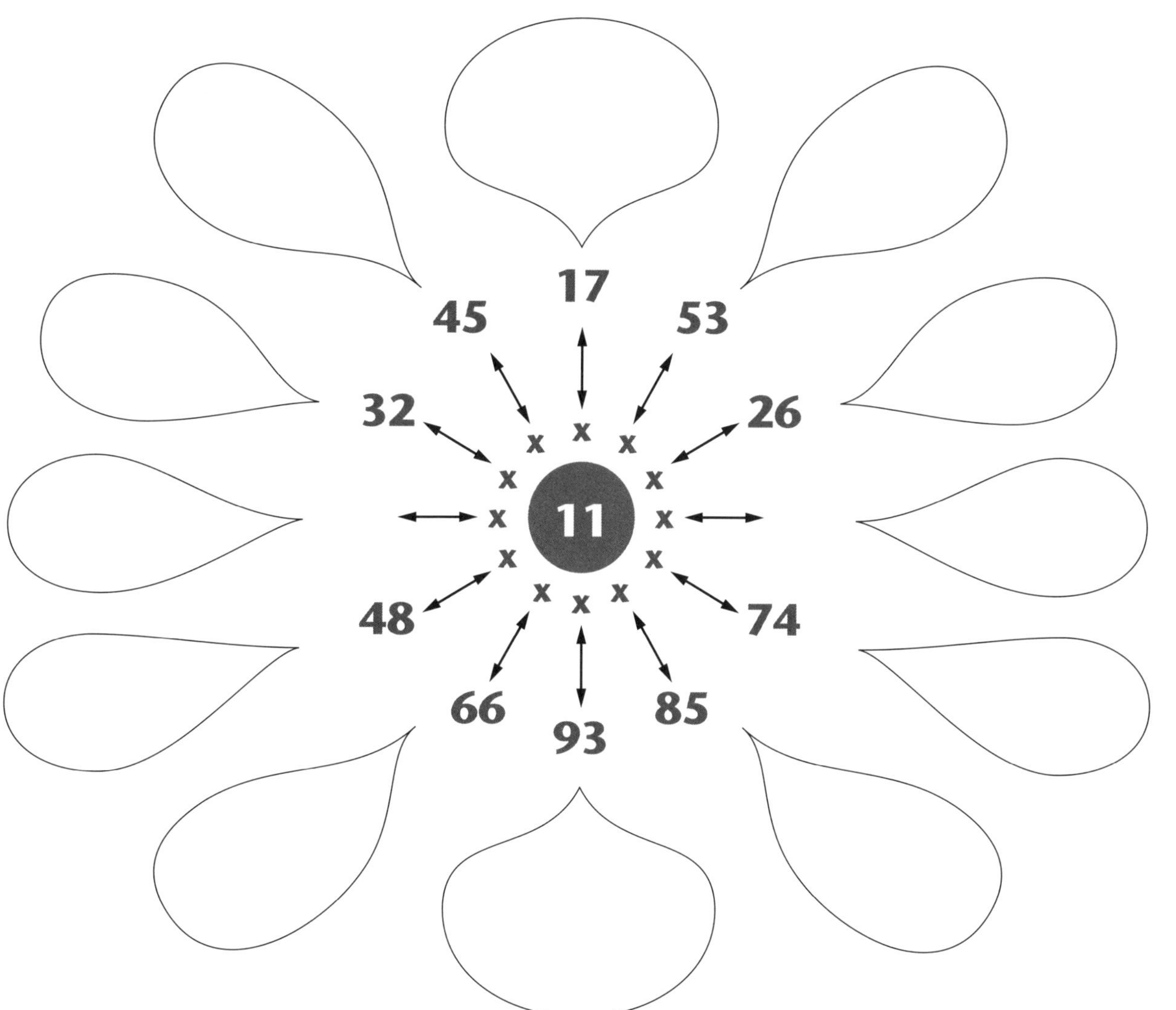

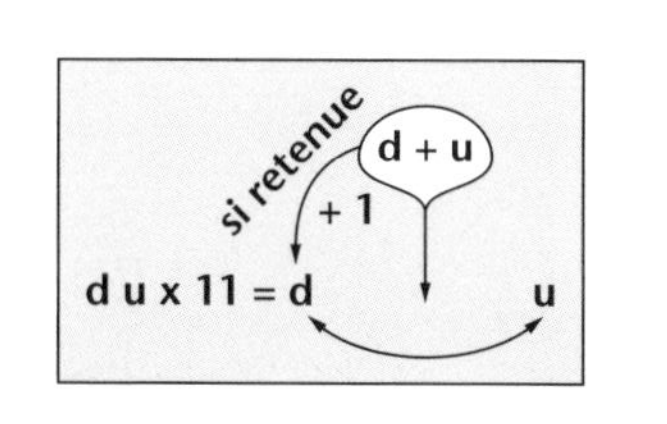

Nom : ....

Multiplier par 5

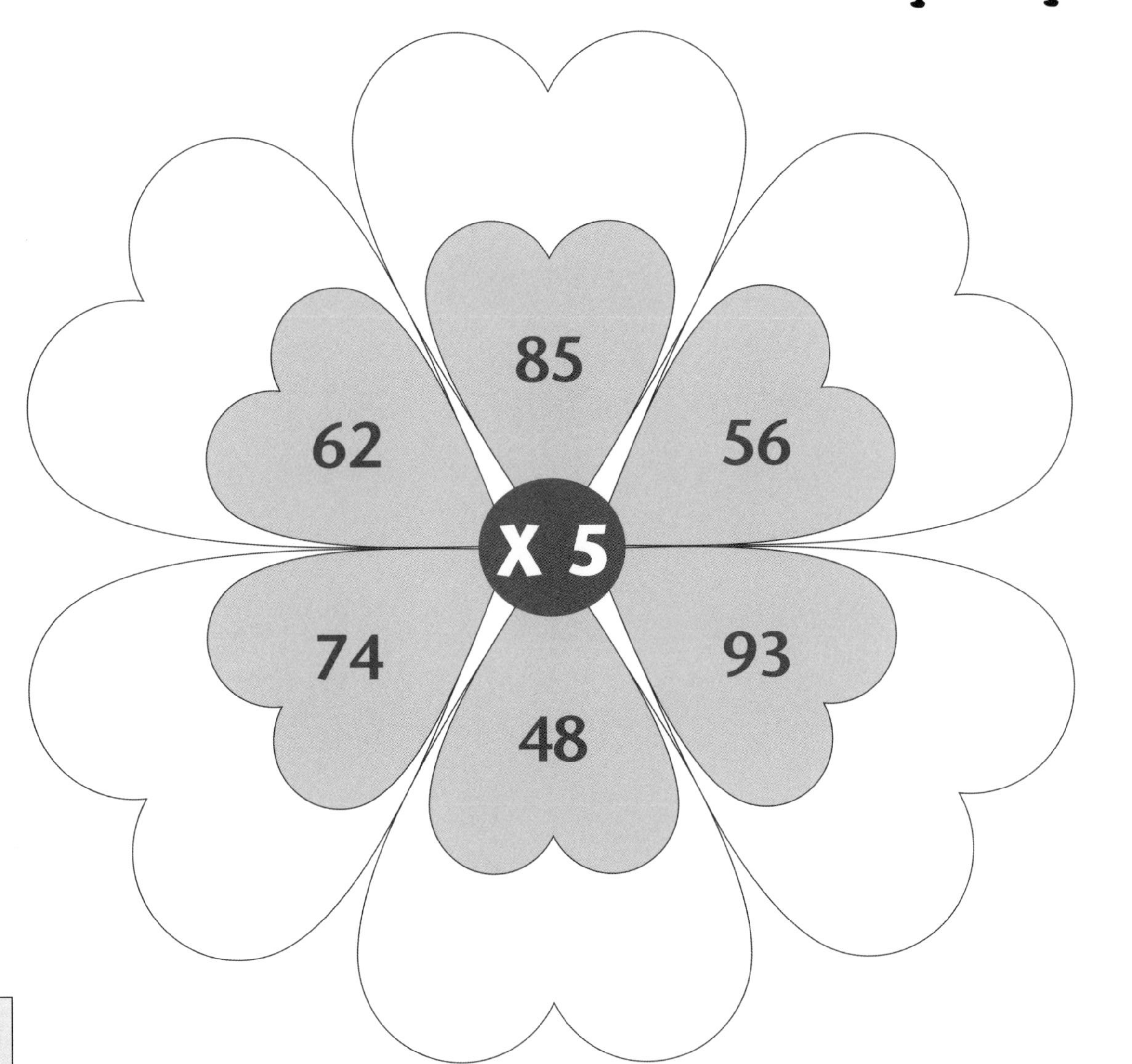

□ x 5 = □ —x 10→ □ —: 2→ □

Nom : ....

La table de 12

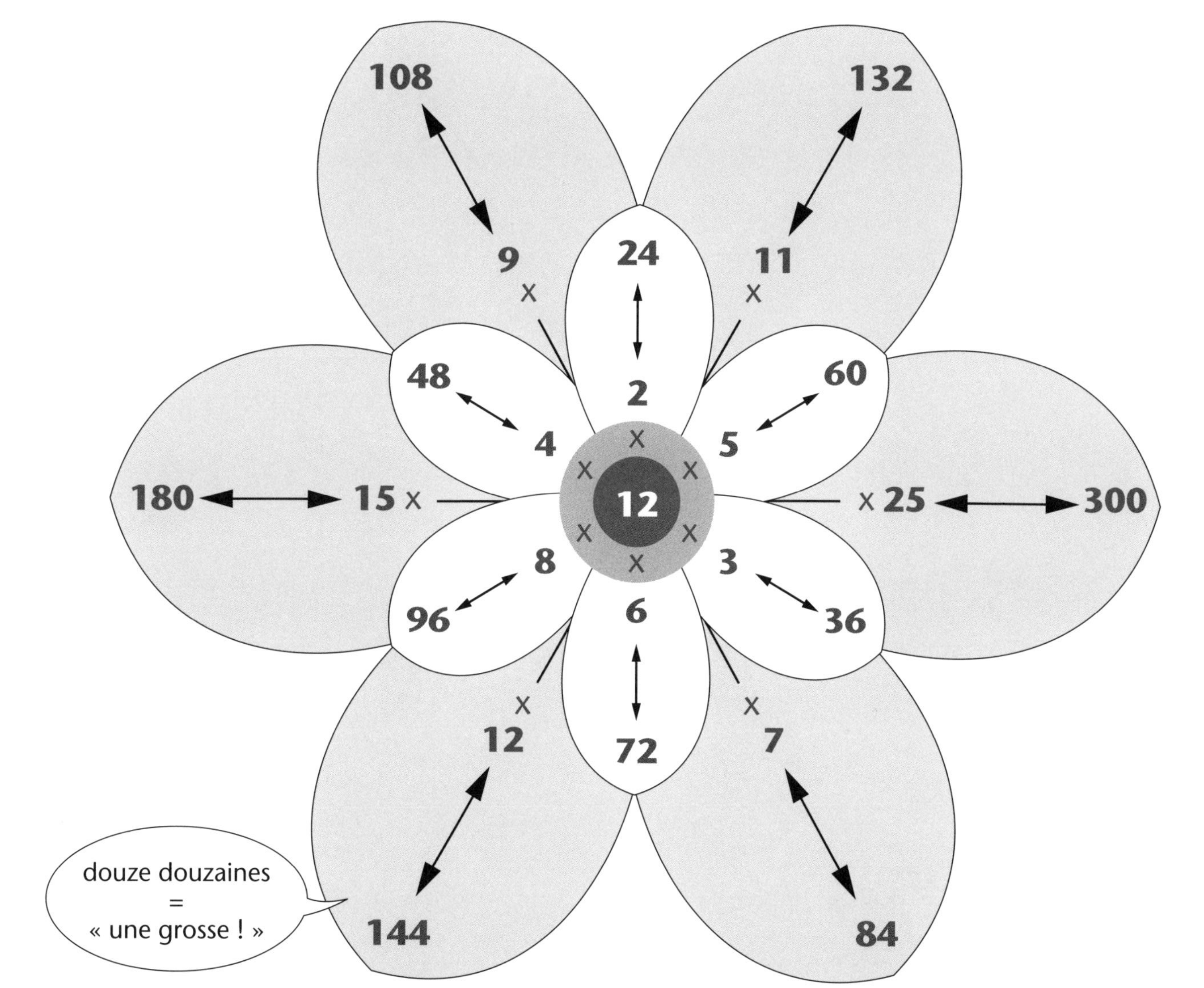

Nom : ....

La table de 15

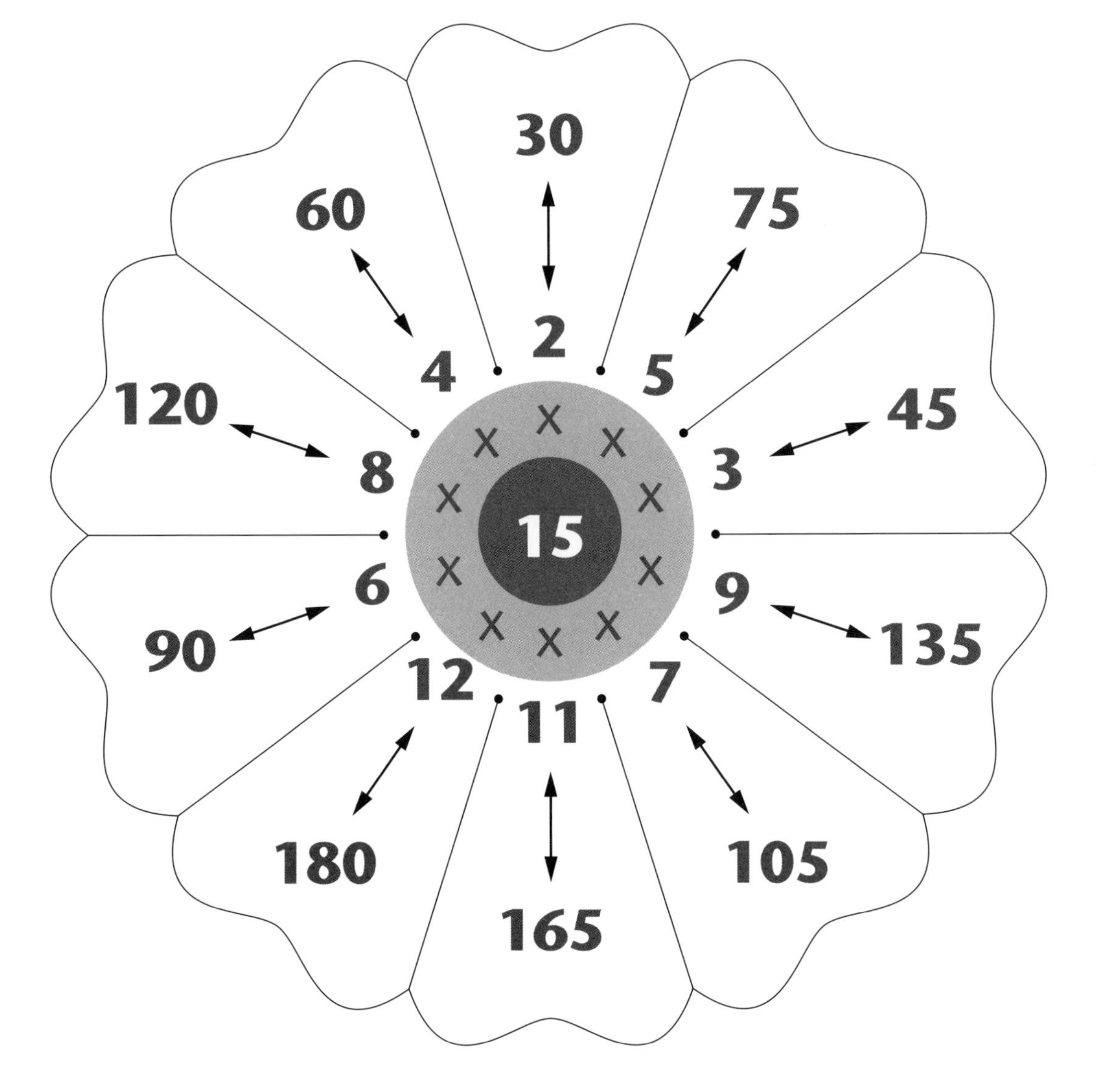

Nom : ....

Multiplier et diviser

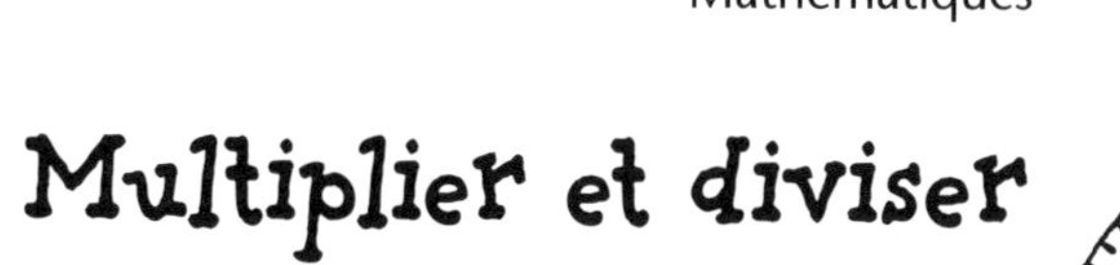

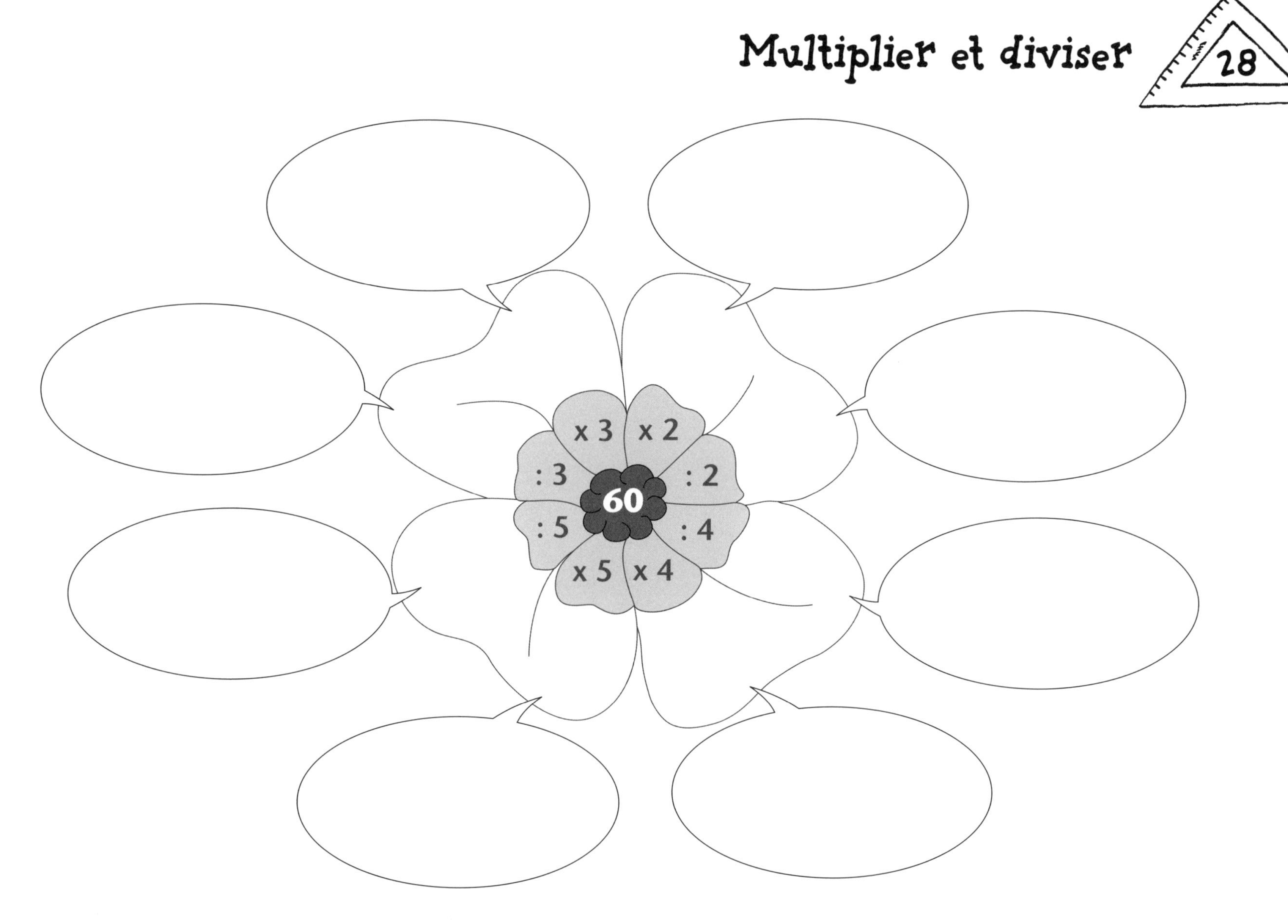

Nom : ....

Les 4 opérations

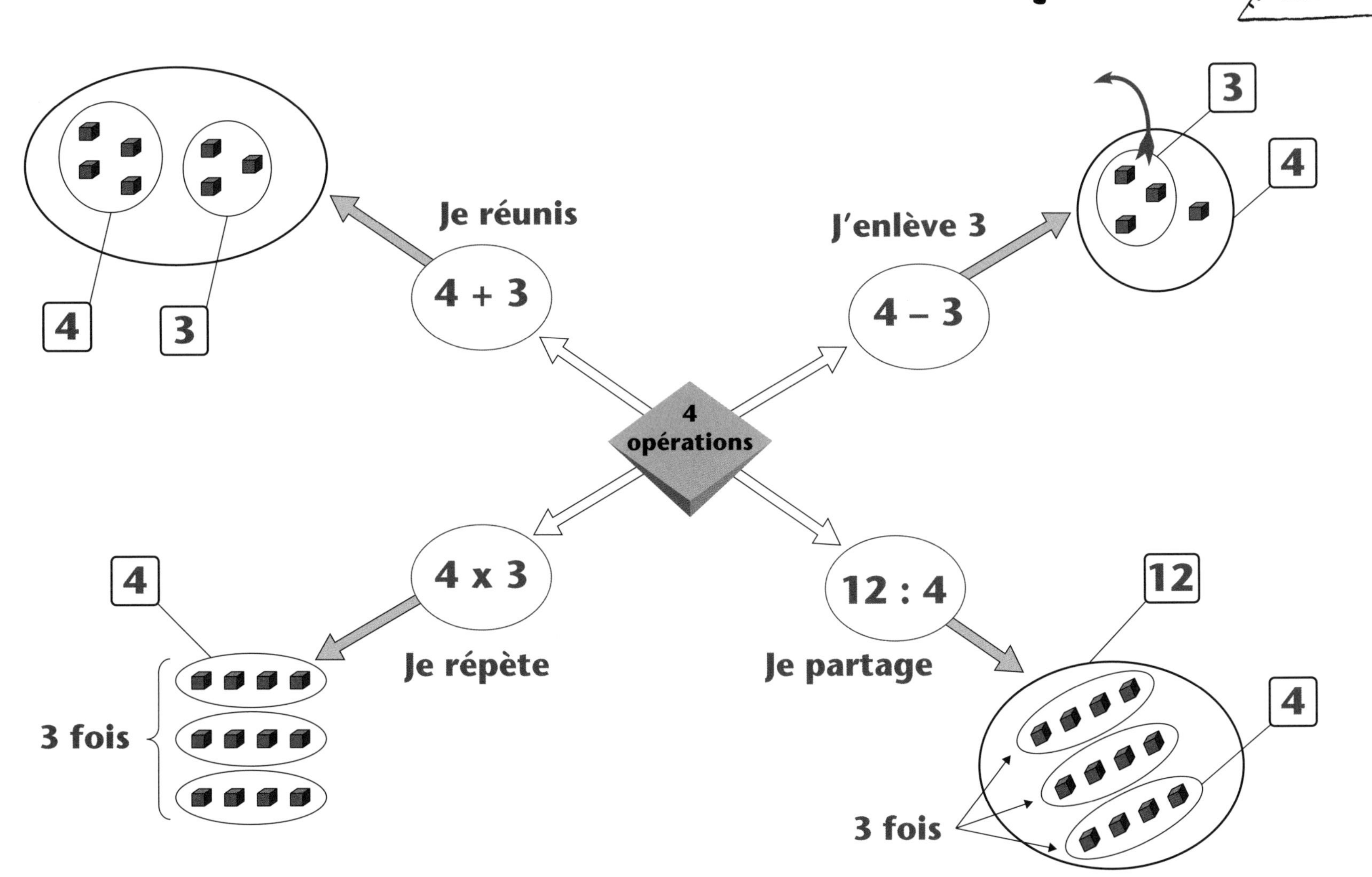

Nom : ....

Jouer avec le nombre 36

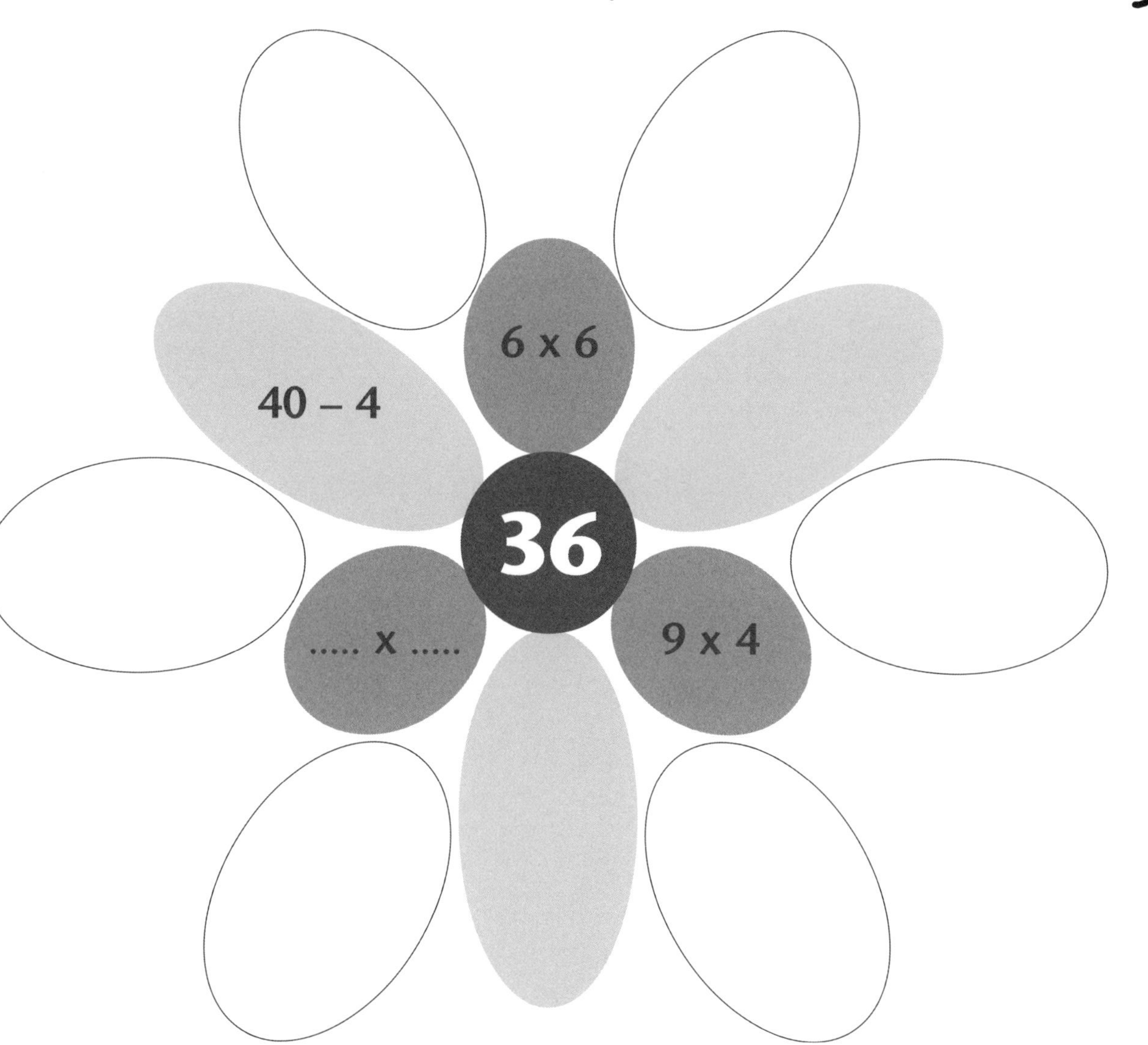

Nom : ....

Jouer avec 1,25

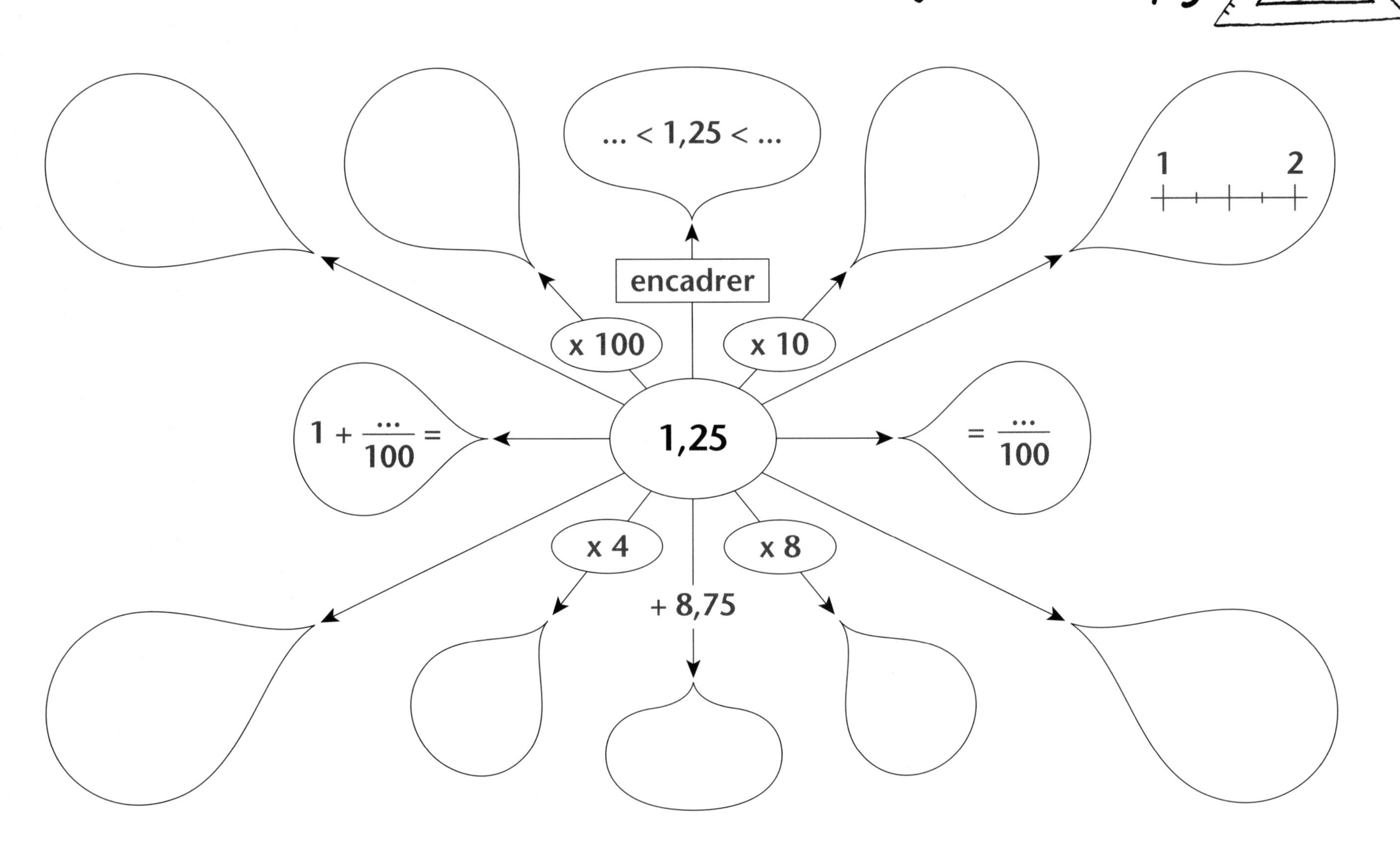

Nom : ....

Jouer avec une fraction

32

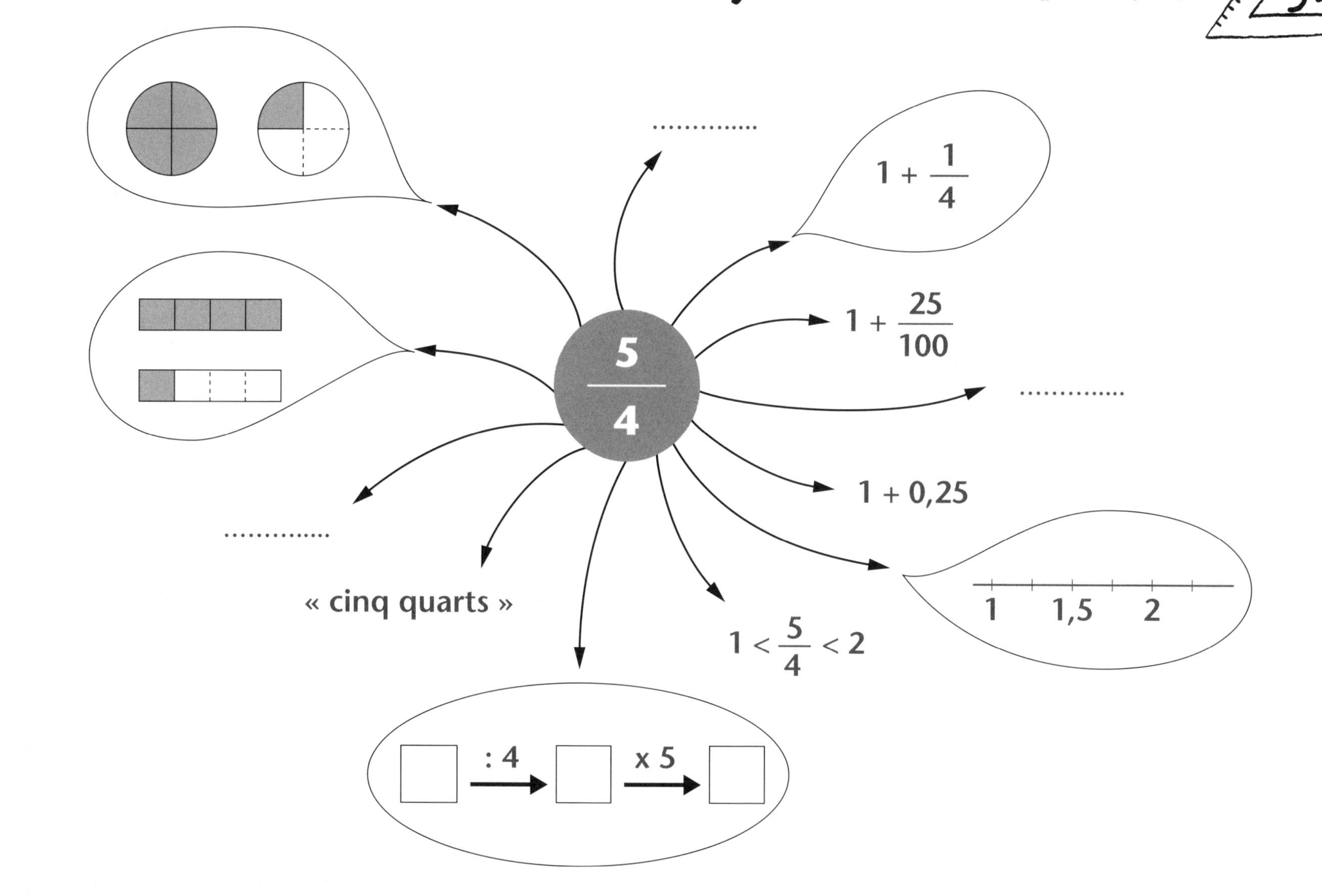

Nom : ....

Les nombres décimaux

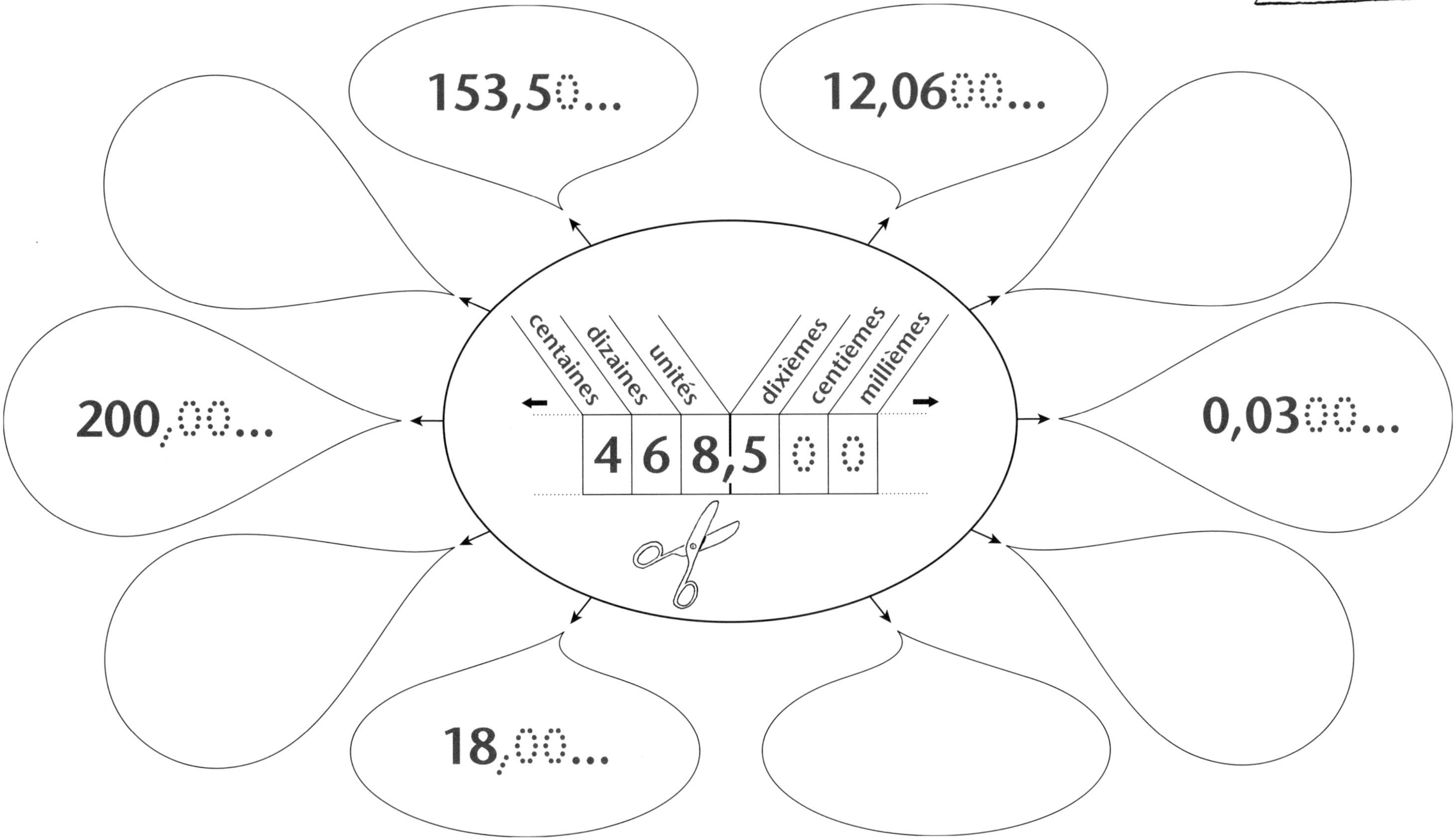

33

centaines	dizaines	unités	dixièmes	centièmes	millièmes
4	6	8,	5	0	0

153,50...

12,0600...

200,00...

0,0300...

18,00...

Nom : ....

Quadrilatères particuliers

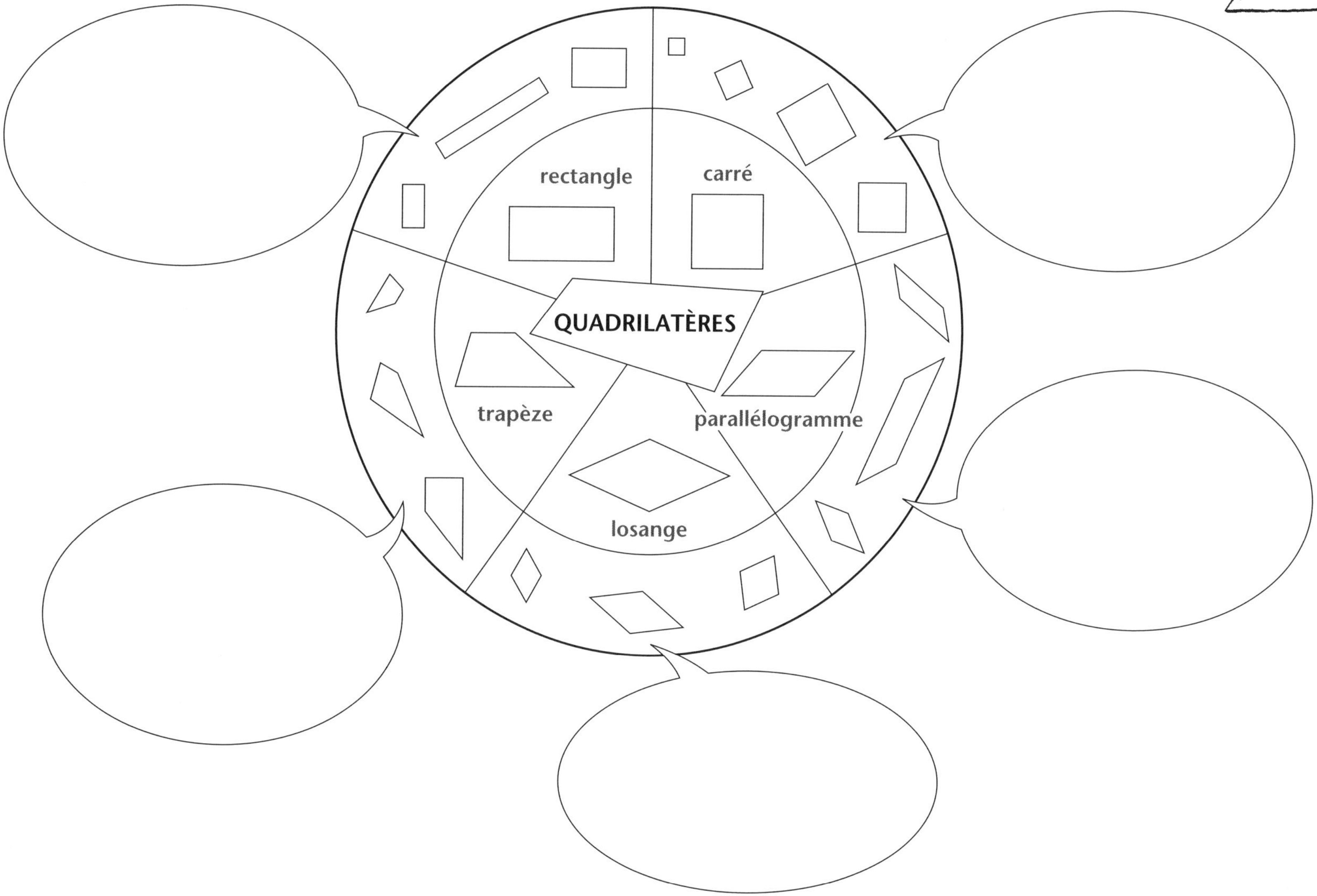

34

QUADRILATÈRES

rectangle

carré

trapèze

parallélogramme

losange

Nom : ....

Les triangles 35

quelconque ou
« scalène* »

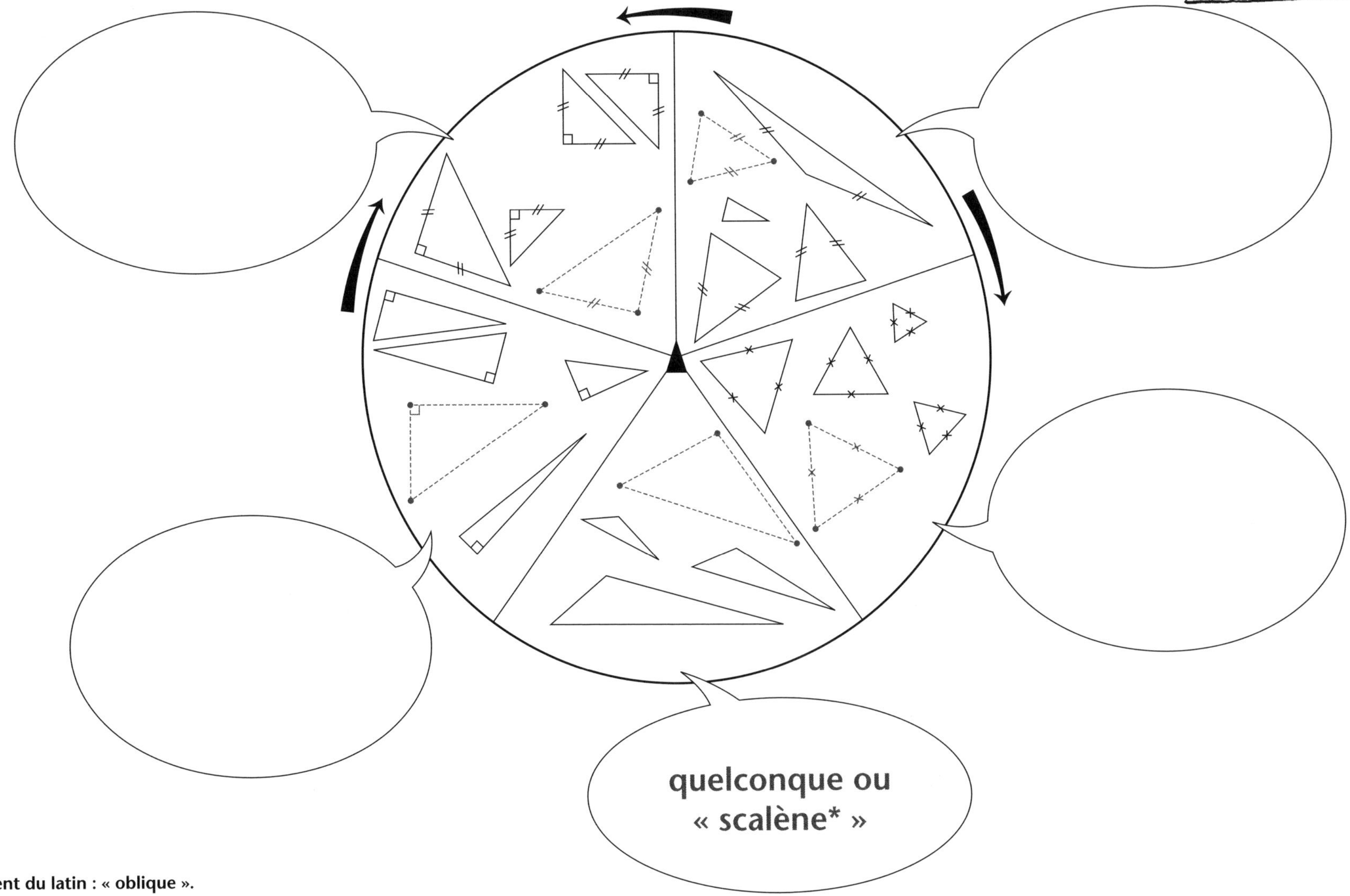

* Scalène vient du latin : « oblique ».

Puzzle de triangles 36

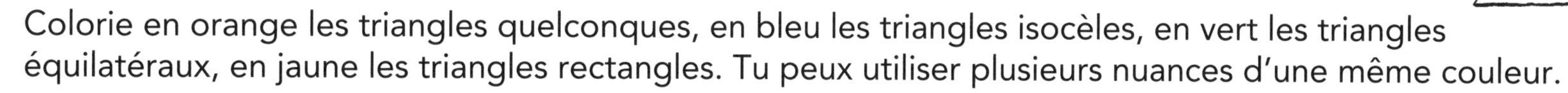

Colorie en orange les triangles quelconques, en bleu les triangles isocèles, en vert les triangles équilatéraux, en jaune les triangles rectangles. Tu peux utiliser plusieurs nuances d'une même couleur.

Nom : ....

Le rectangle

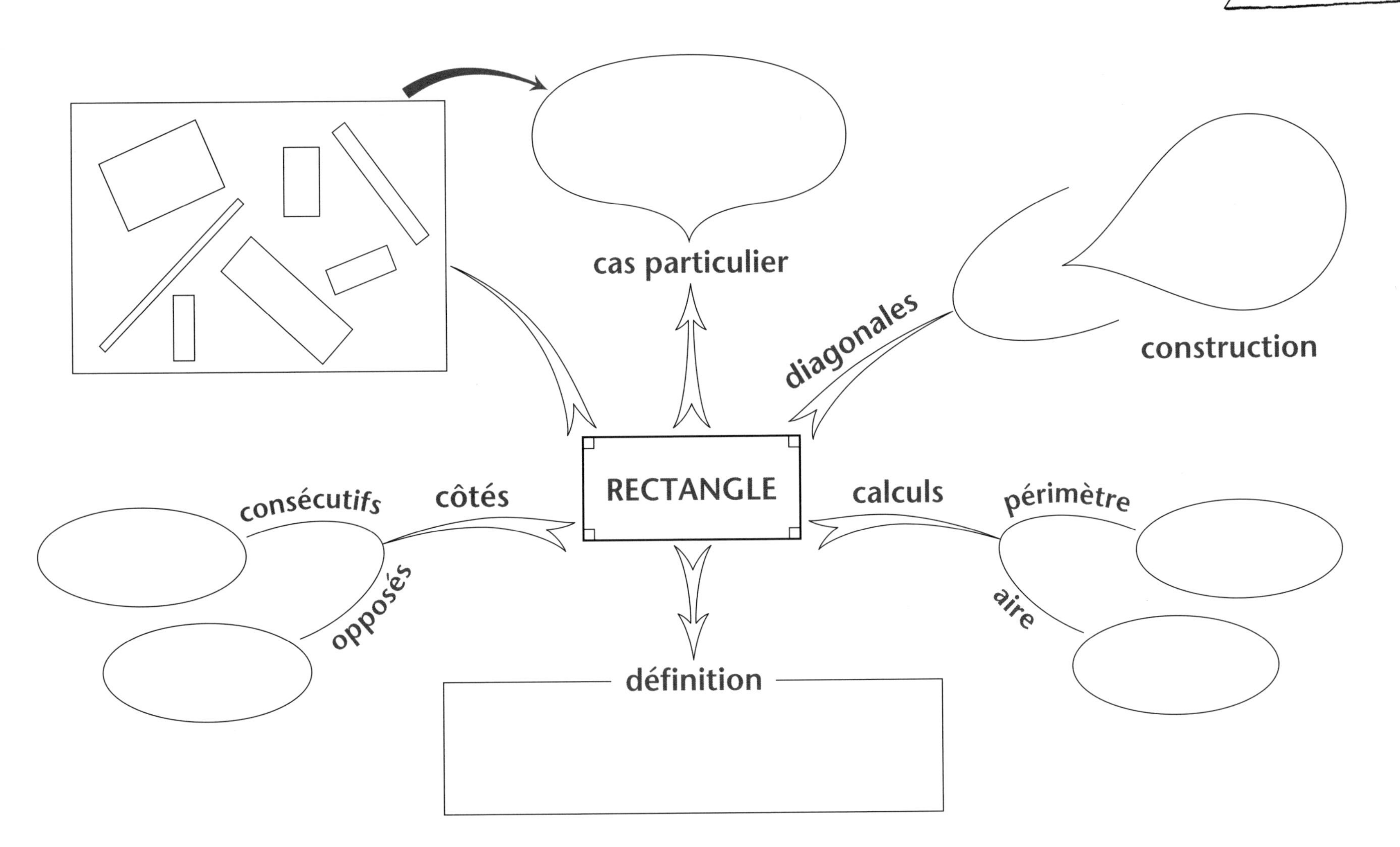

Nom : ....

Le périmètre

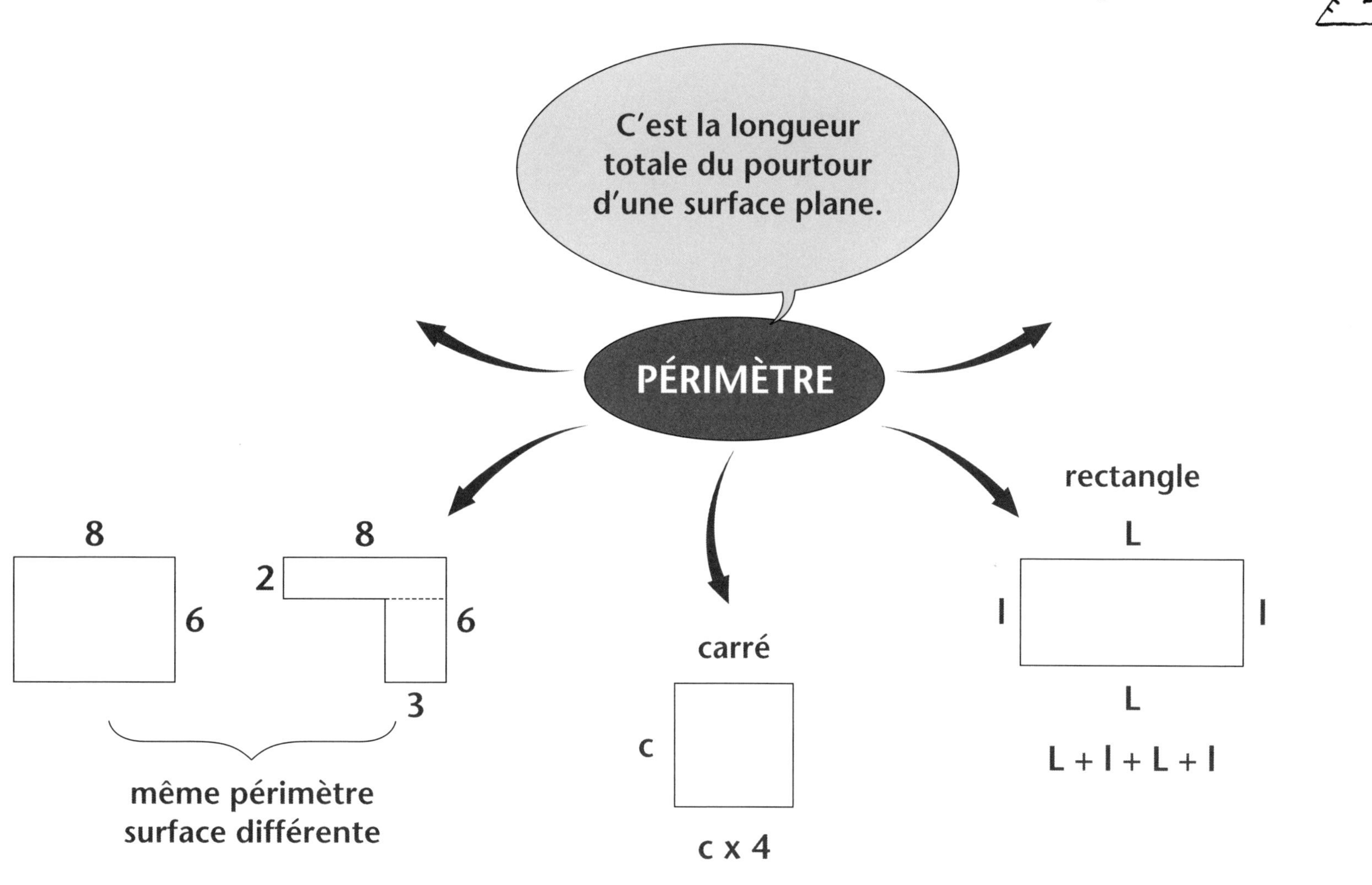

Nom : ....

Périmètres et aires

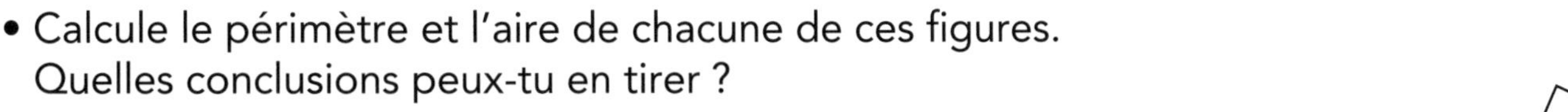

- Calcule le périmètre et l'aire de chacune de ces figures.
  Quelles conclusions peux-tu en tirer ?
- Invente une autre surface S_6 de même aire que S_1.

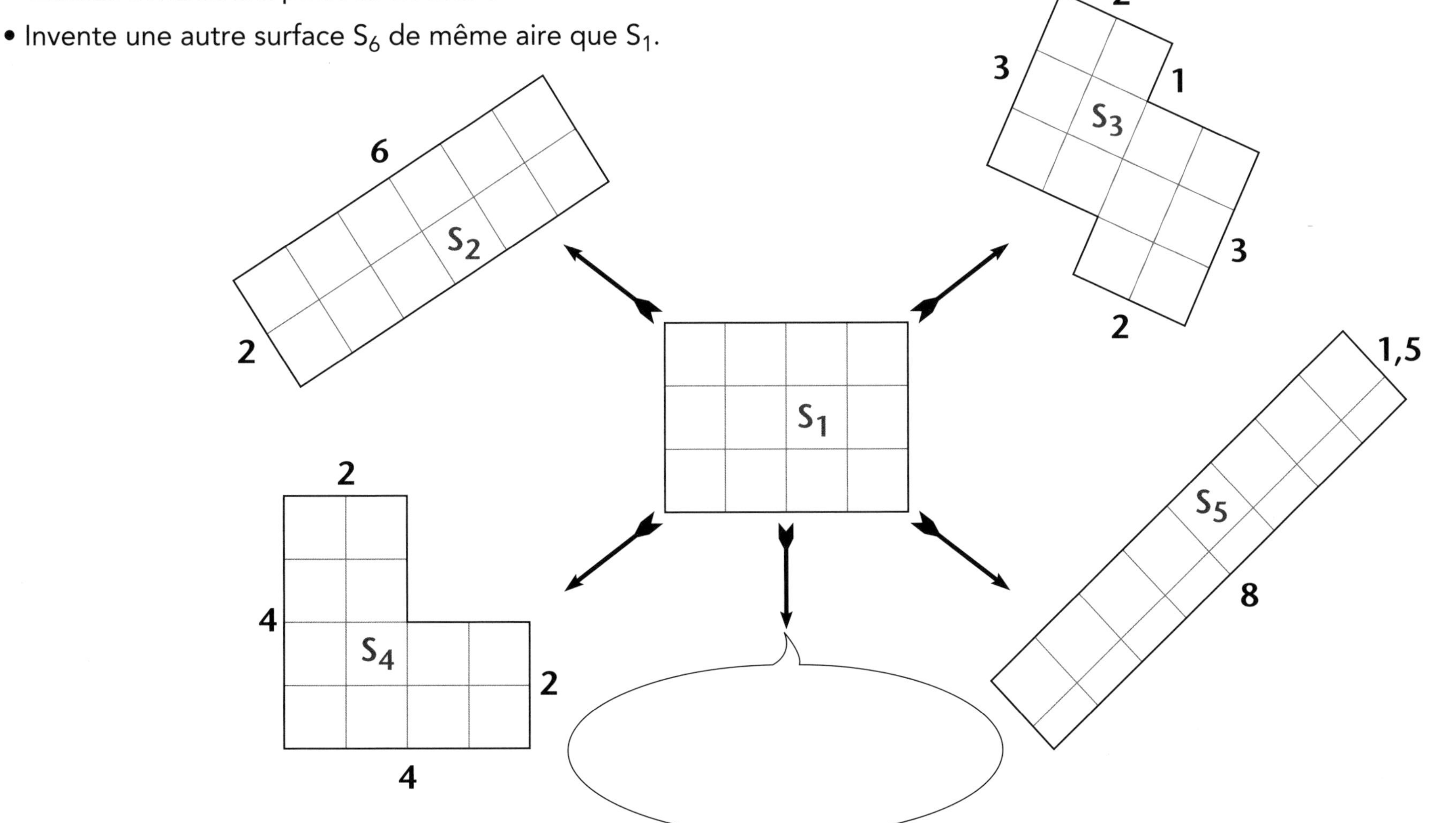

Nom : ....

Unités de mesure d'aires

40

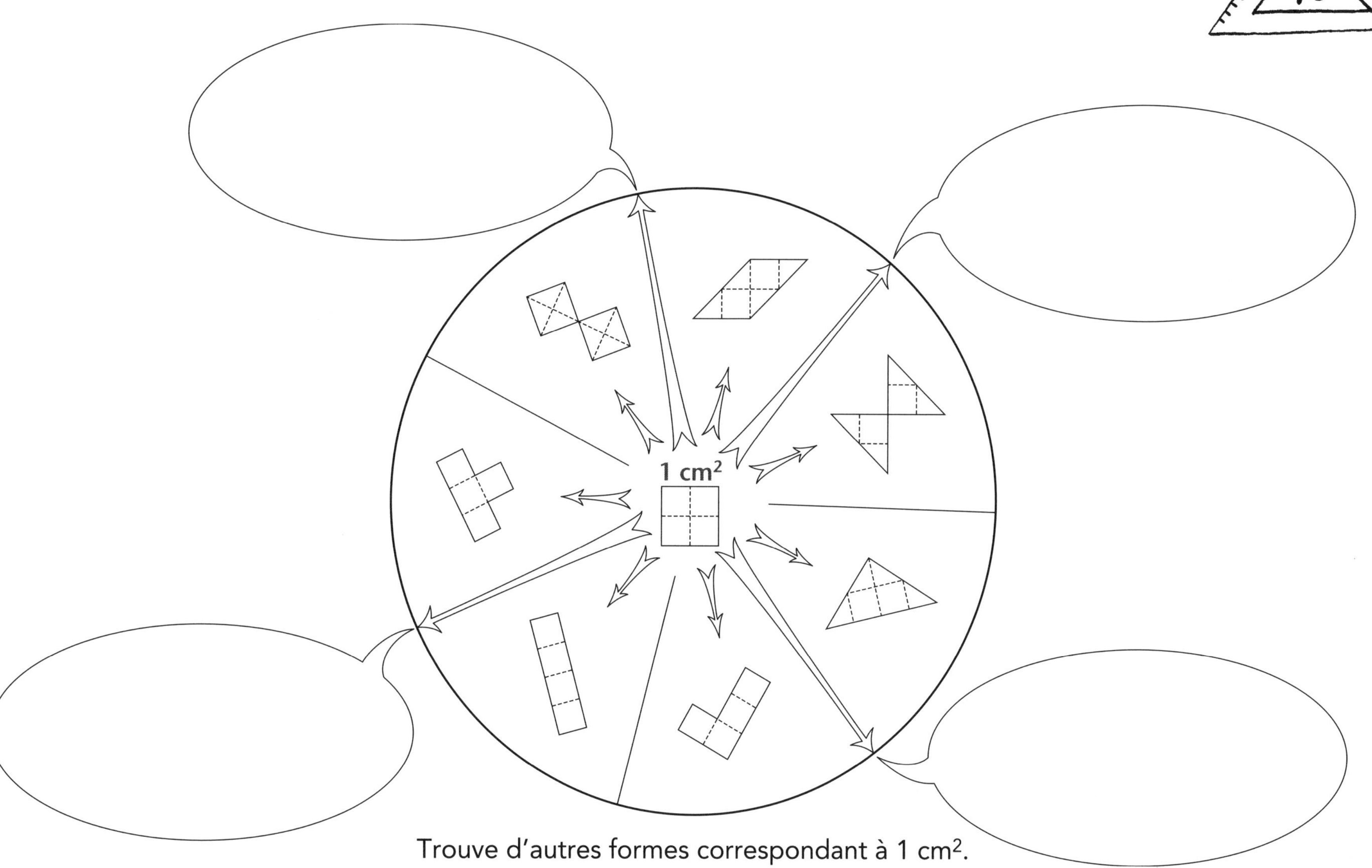

Trouve d'autres formes correspondant à 1 cm^2.

Nom : ....

Calculs d'aires

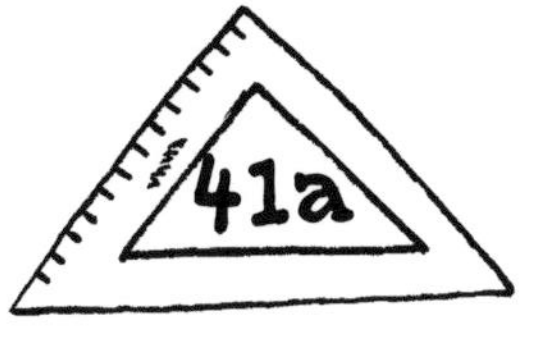

• Colorie :

- en jaune les carrés ;
- en bleu les triangles ;
- en vert les parallélogrammes.

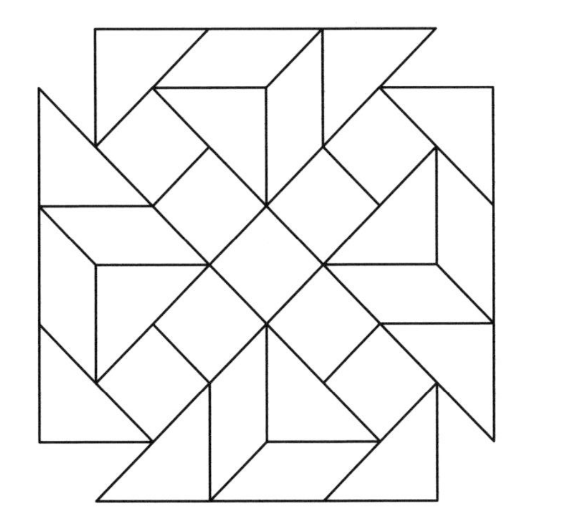

• Quelle est, en cm^2 :

- l'aire de la surface jaune ?
- l'aire de la surface bleue ?
- l'aire de la surface verte ?
- l'aire totale de la figure ?

Nom : ....

Calculs d'aires

- Colorie l'étoile de plusieurs couleurs pour faire apparaître les cm^2 : 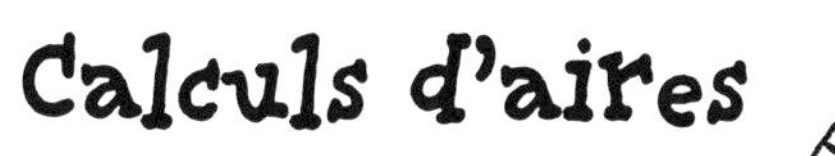 .
  Quelle est son aire ?
- Compare cette aire à celle du rectangle ci-dessous.
- Invente une autre figure (étoile ou autre) de même aire que l'étoile.

ÉTOILE

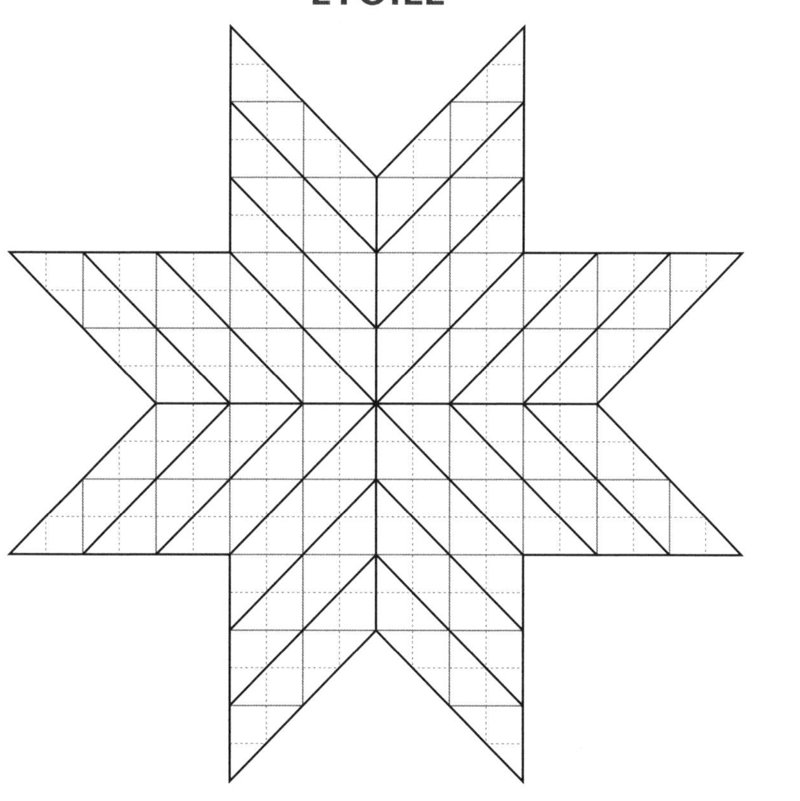

RECTANGLE

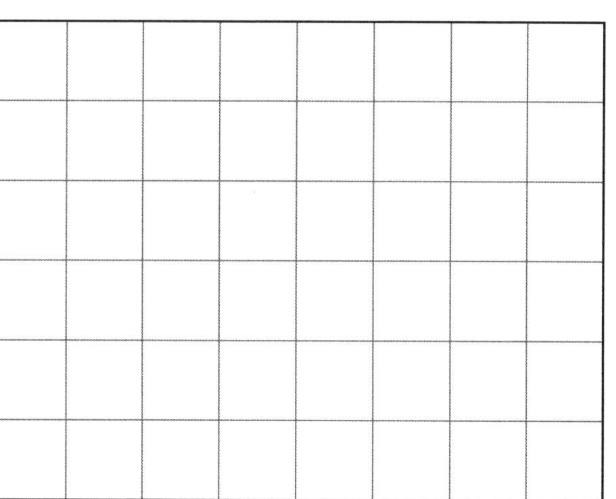

Hexagone et arc-en-ciel

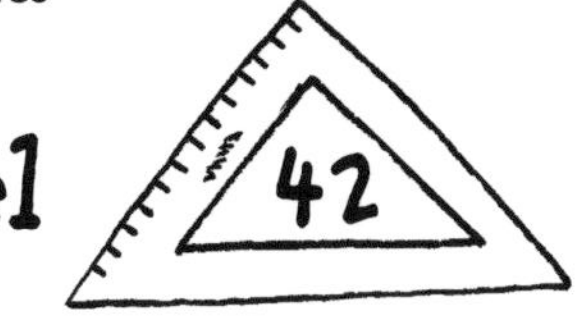

Suis les indications suivantes pour construire
et décorer cet hexagone (sur une feuille à part).

1. Construis un cercle de 7 cm de rayon.
2. Utilise le compas (ouverture : 7 cm) pour partager ce cercle en 6 parties égales.
3. Relie les 6 points obtenus pour obtenir un « hexagone régulier ».
4. Relie les 6 points obtenus au centre du cercle.
5. Recommence la construction avec des cercles « concentriques » (de même centre que le précédent) de 6 cm, 5 cm, 4 cm, 3 cm, 2 cm, 1 cm et utilise les « rayons » précédents pour construire 6 hexagones de plus en plus petits (tous les sommets doivent être alignés).
6. Colorie les 7 parties de ce mandala en utilisant les 7 couleurs de l'arc-en-ciel, en commençant par le centre : rouge, orange, jaune, vert, bleu, indigo, violet.

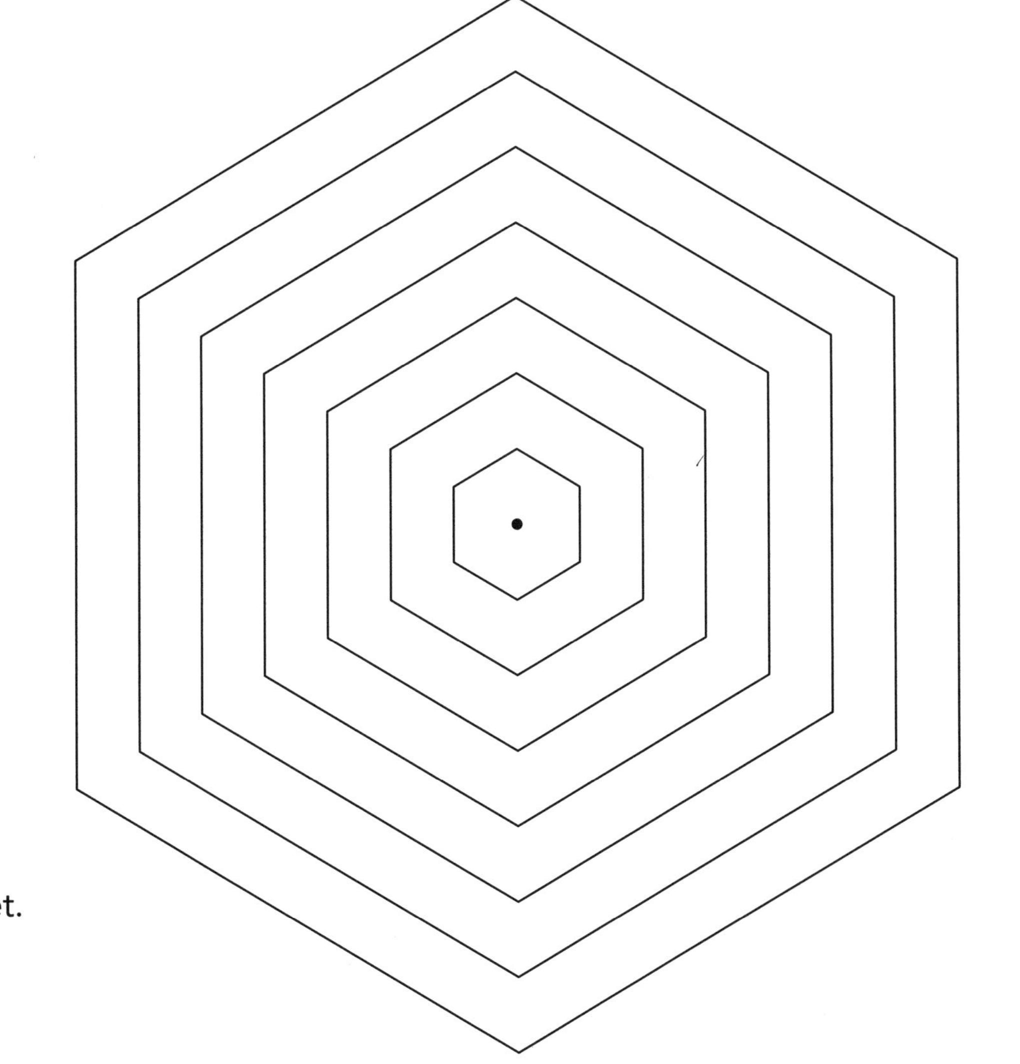

Nom : ....

La rosace

Reproduis à droite cette rosace, en t'aidant des mesures indiquées.

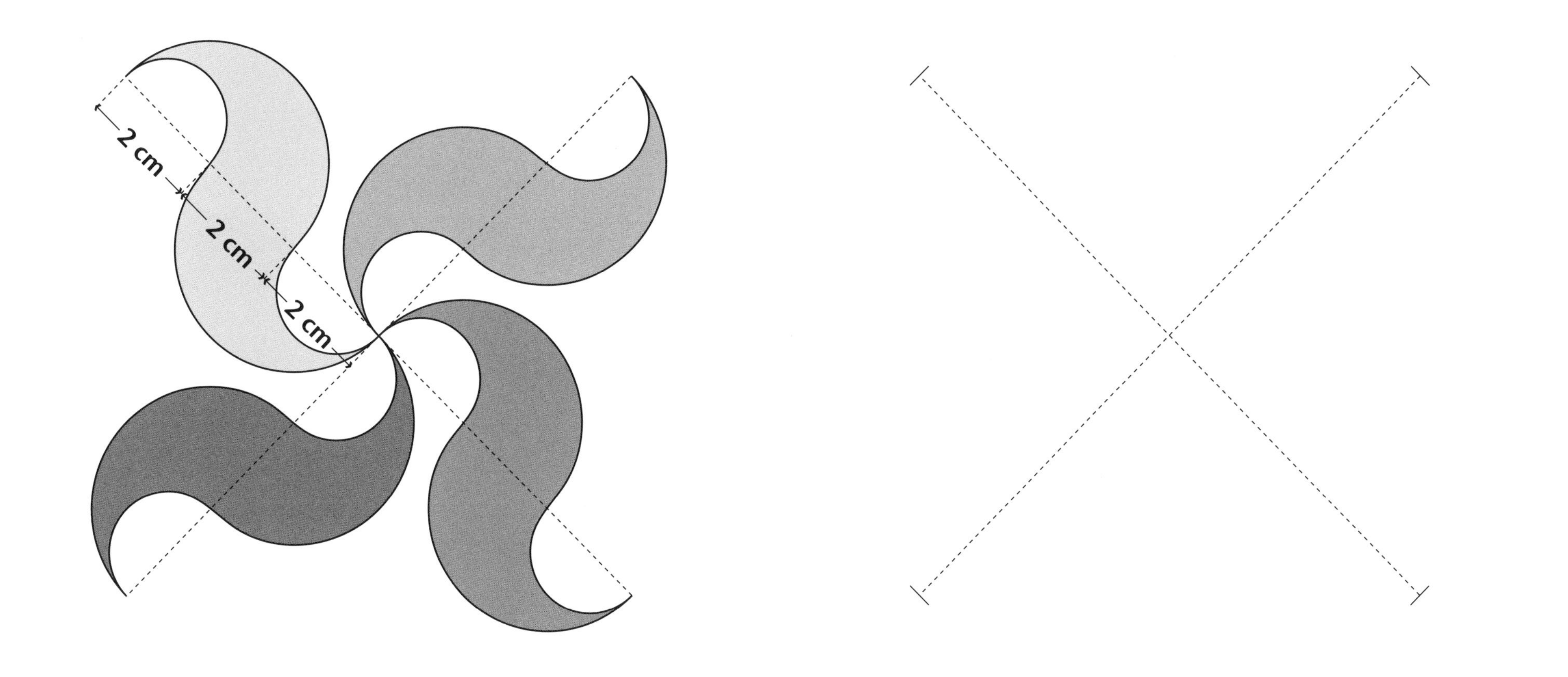

Nom : ....

Symétries

Construis le symétrique de la figure par rapport à la droite d_1.
Puis trace le symétrique de la toute nouvelle figure par rapport à la droite d_2.

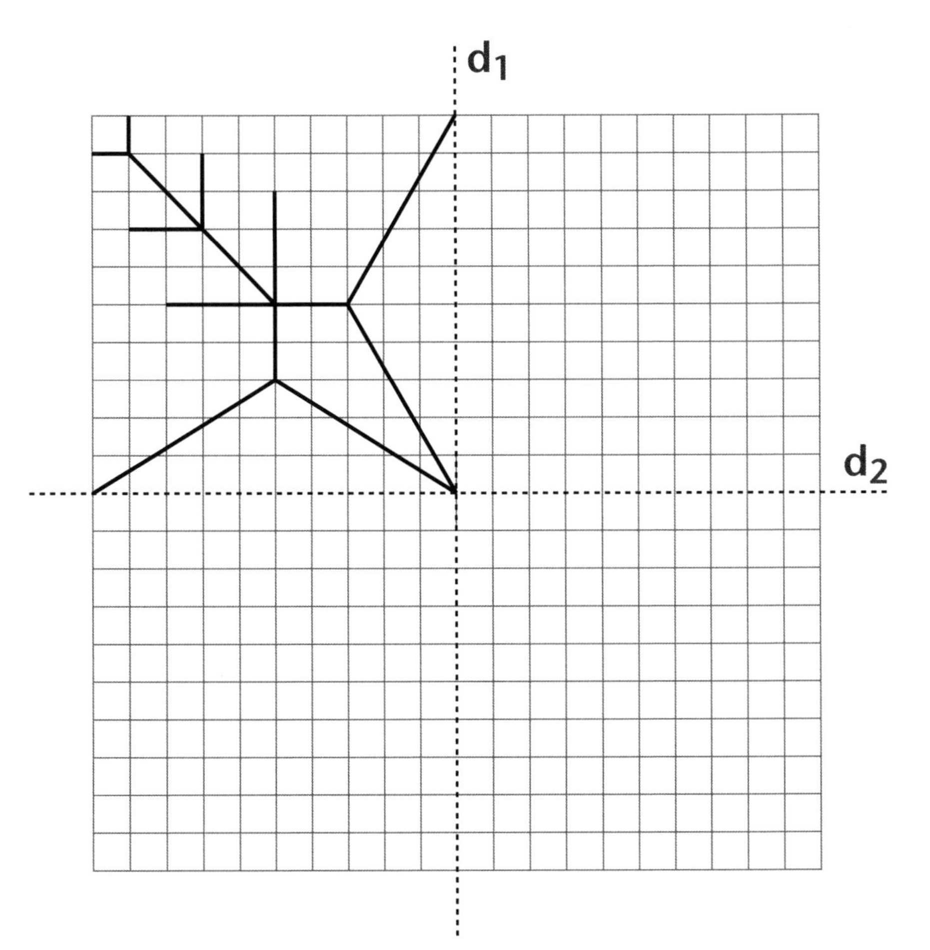

Nom : ....

La catégorisation des aliments

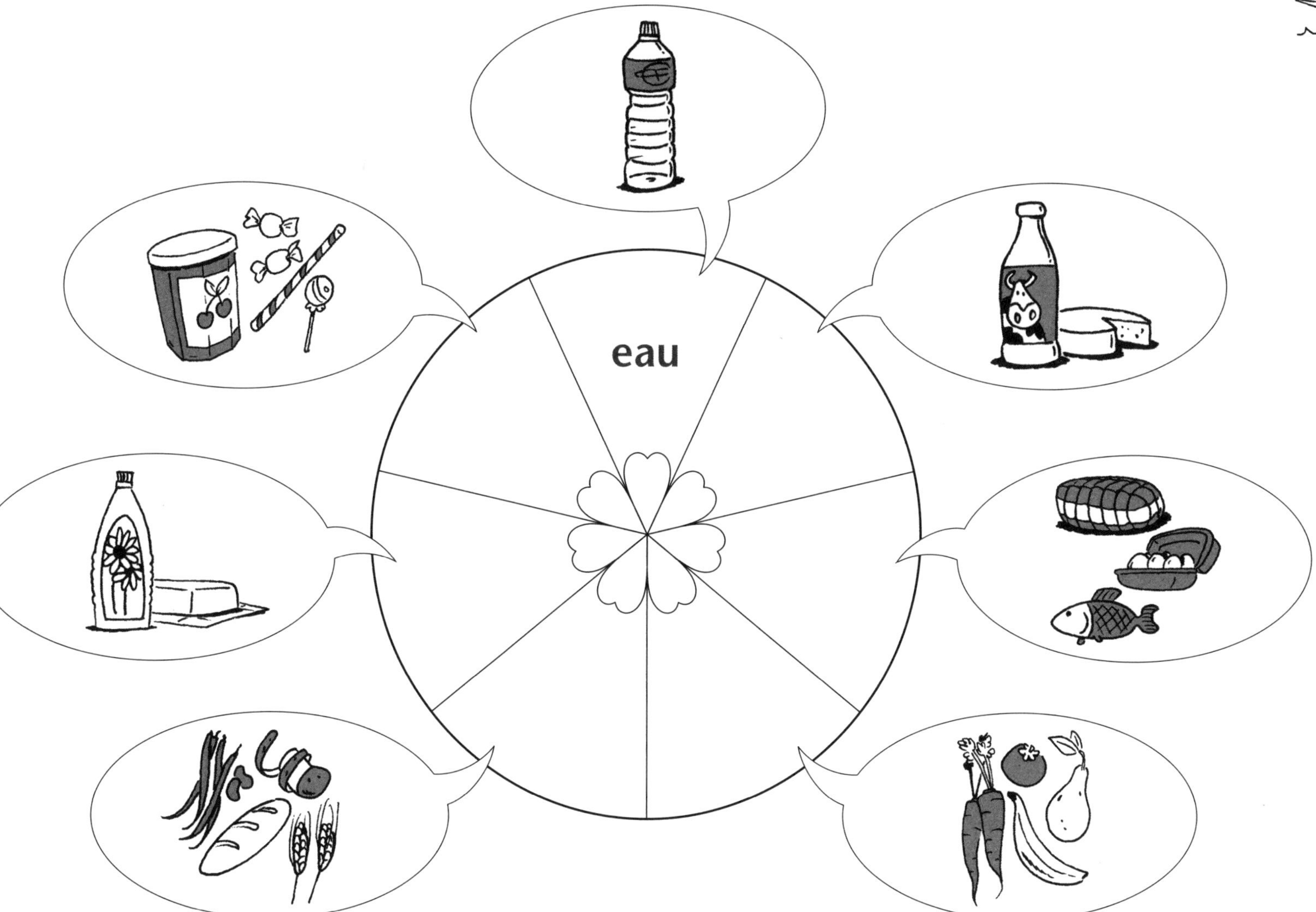

Nom : ....

Les 5 continents 46

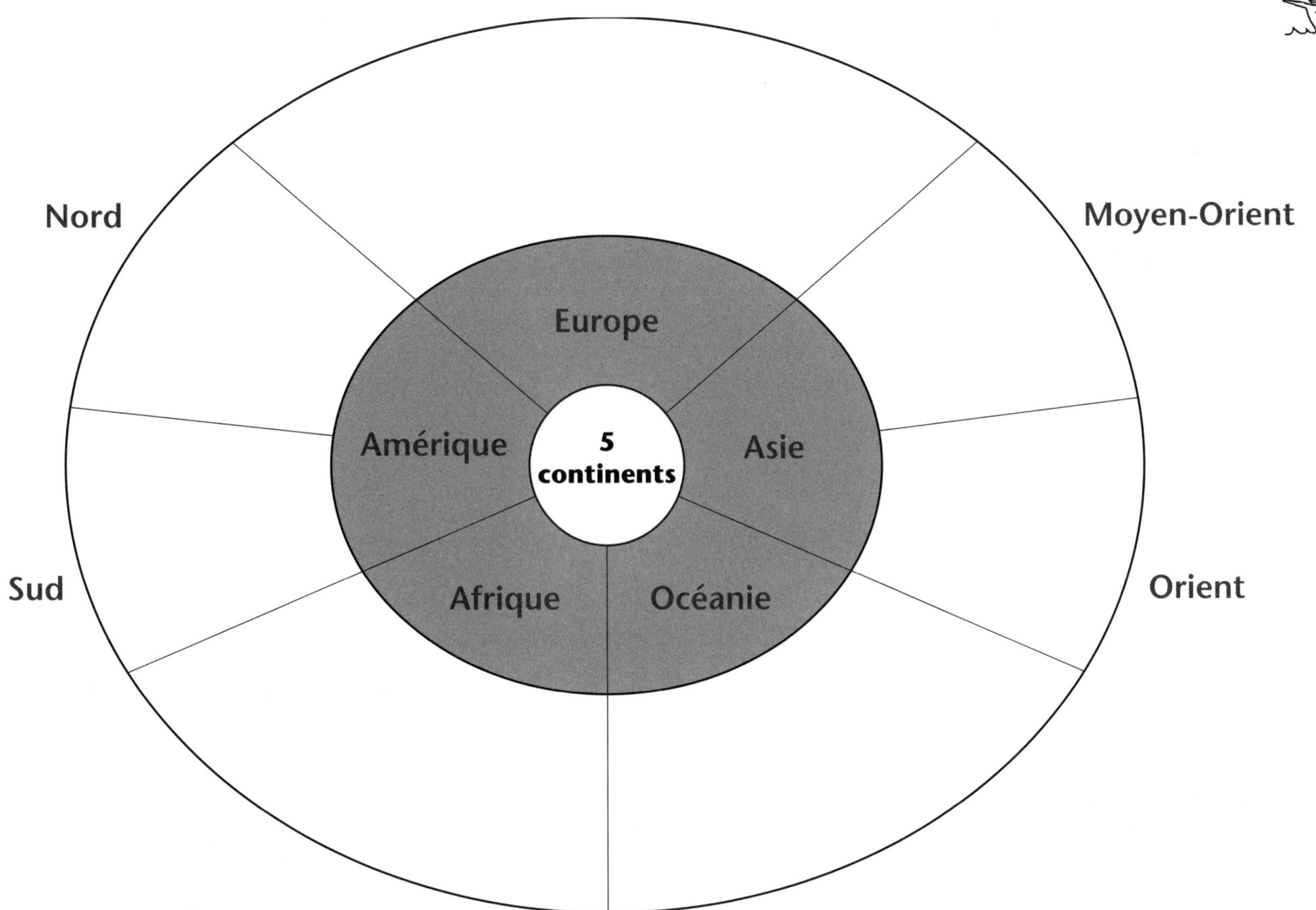

Nom : ....

Les fleuves en France

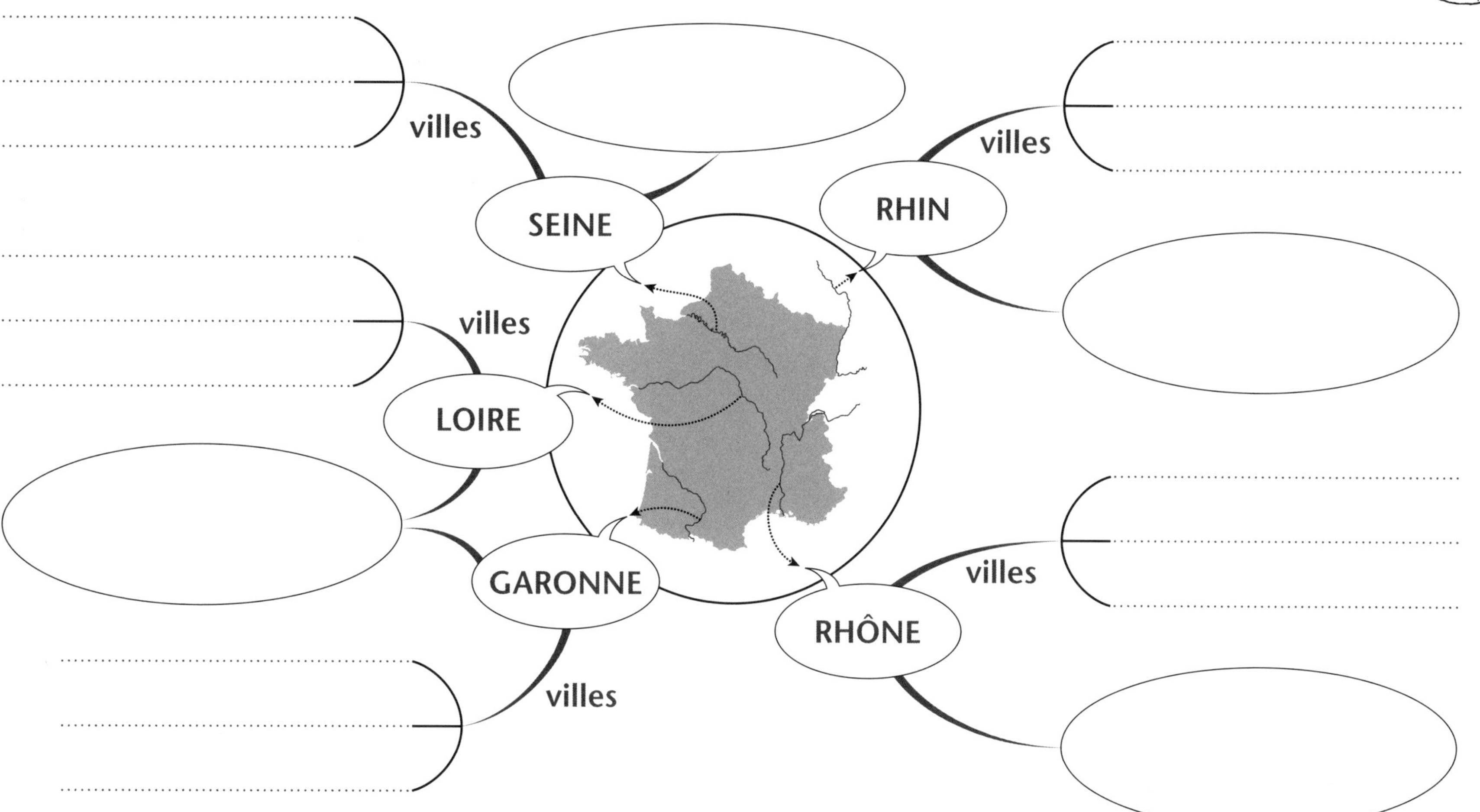

Nom : ....

Ma région 48

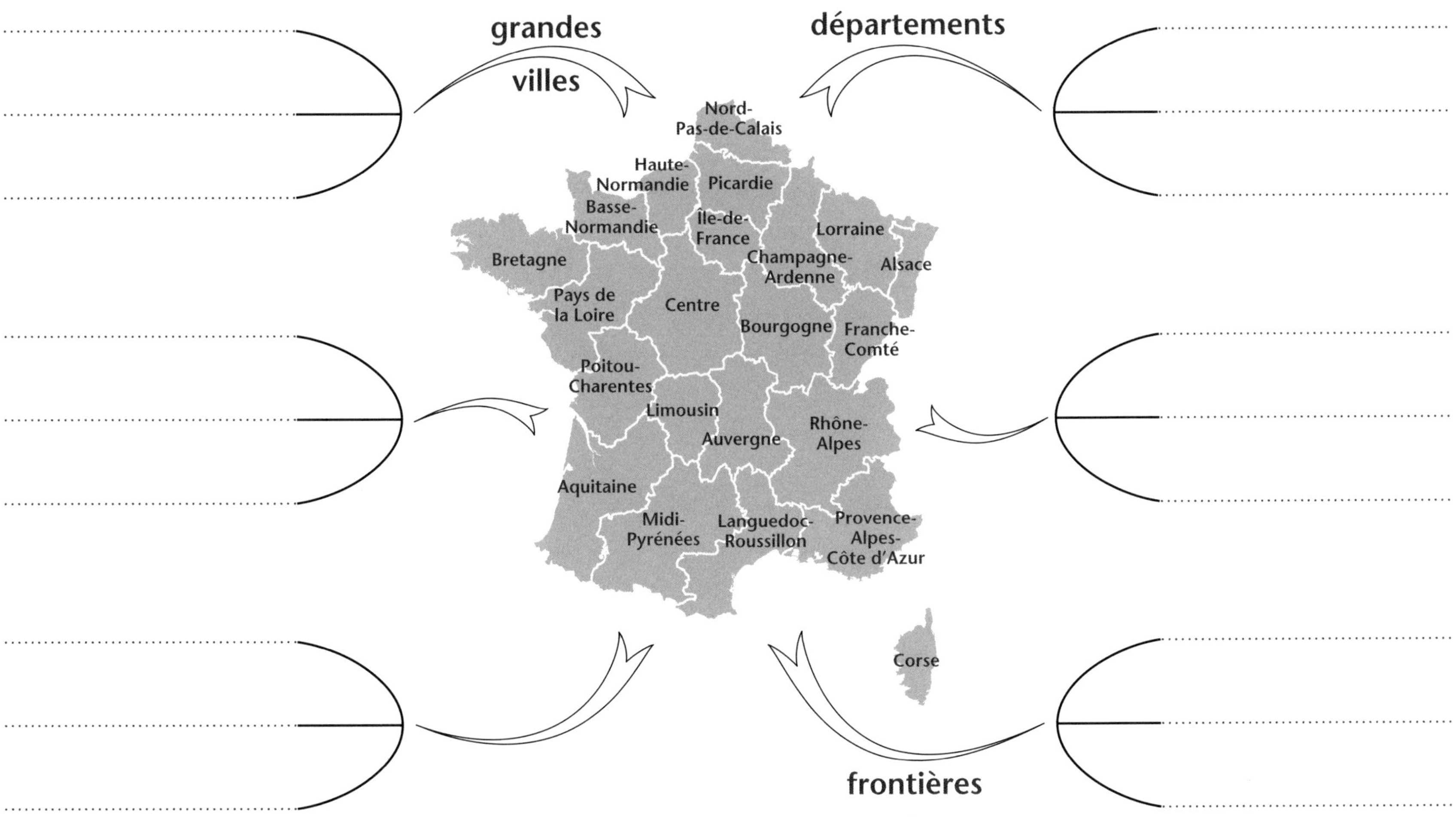

grandes villes

départements

Nord-Pas-de-Calais
Haute-Normandie
Picardie
Basse-Normandie
Île-de-France
Lorraine
Bretagne
Champagne-Ardenne
Alsace
Pays de la Loire
Centre
Bourgogne
Franche-Comté
Poitou-Charentes
Limousin
Auvergne
Rhône-Alpes
Aquitaine
Midi-Pyrénées
Languedoc-Roussillon
Provence-Alpes-Côte d'Azur
Corse

frontières

Nom : ....

Le Moyen Âge 49

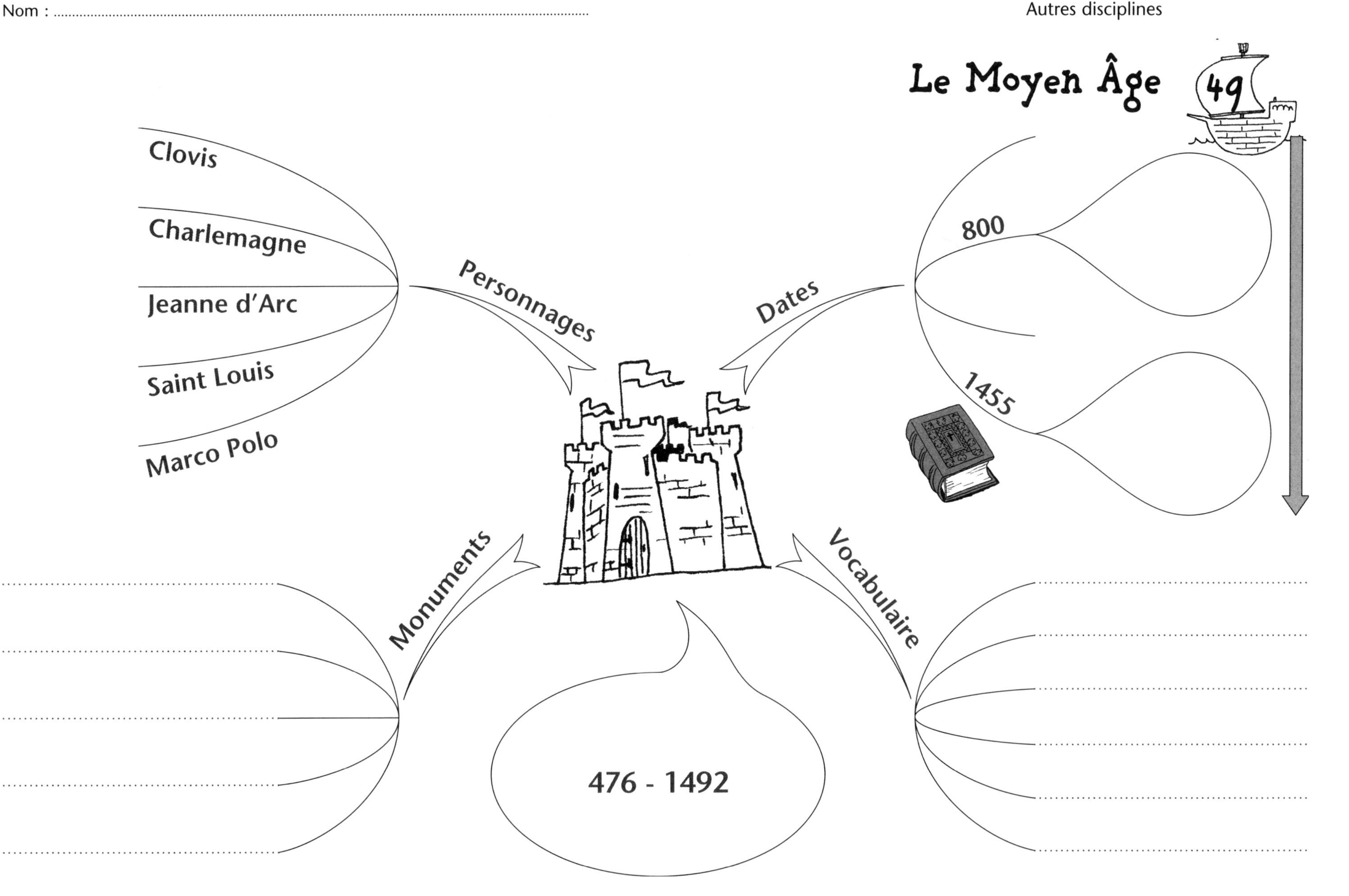

Nom : ....

Les arts visuels

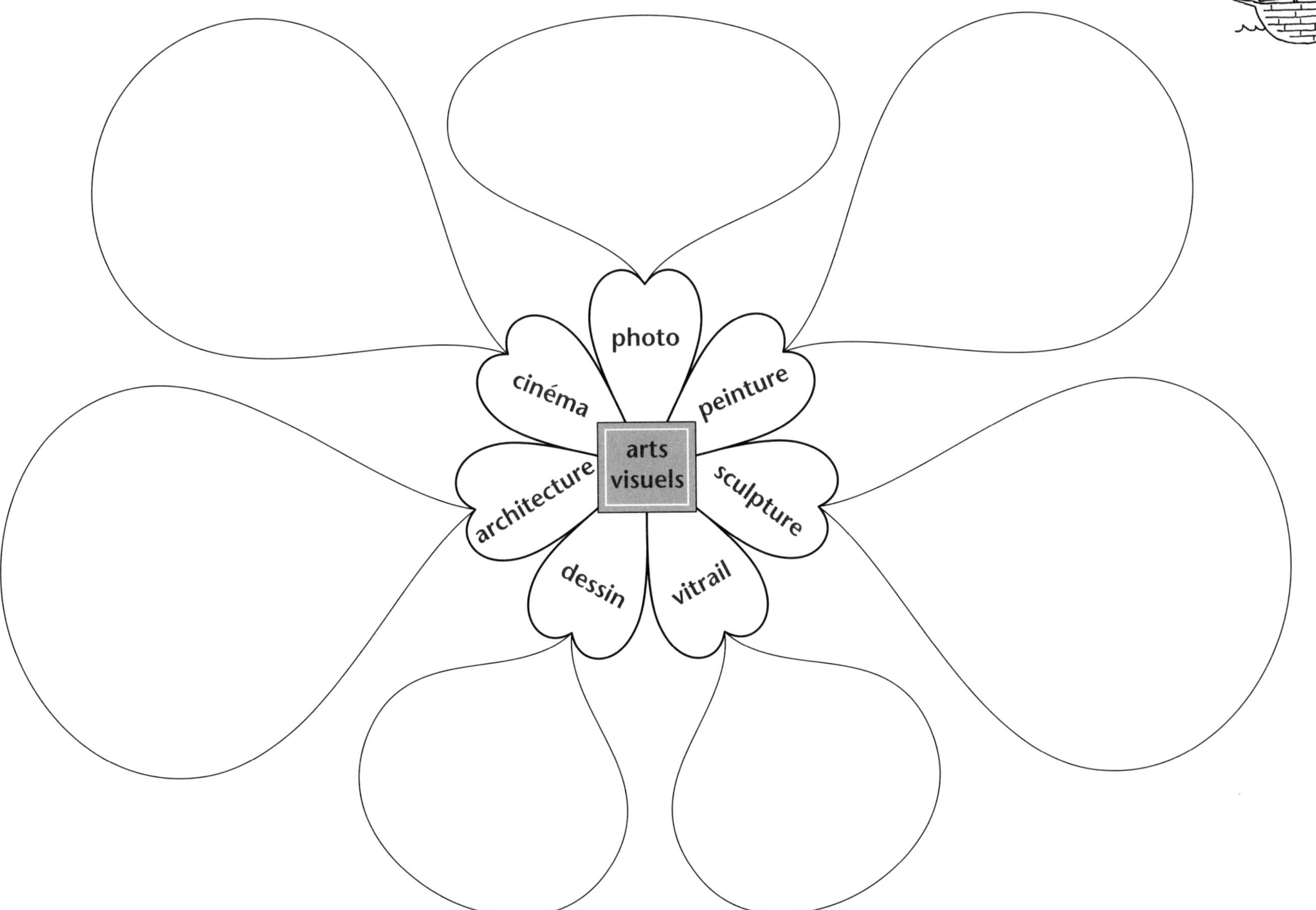